KB063534

현실주의자를 위한 철학

현실주의자를 위한 철학

오석종 지음

오늘의
문제를 해결하는
생각의 기술

whale books

유통기한이 끝난 생각을 버려라

우리는 상식이라 불리는 보편적 가치를 통해 세상을 바라보고 해석한다. 이 가치들은 앞선 시대의 철학자들이 치열하게 통찰하고 사유한 결과를 담고 있어 대부분 신성하게 여겨진다. 인류는 그 속에 내재된 본질적 의미를 깨닫기 위해 지난 수 세기 동안 철학 고전을 공부하고 철학자들의 사상을 익히는 것을 게을리하지 않았다. 그러나 인류 역사상 세상이 가장 빠르게 변화하고 있는 이 시대에, 그동안 자연스럽게 받아들여졌던 가치들은 그 위상을 위협받고 있다. 오랜 시간 동안 굳어진 생각으로 보는 세상과 우리가 발을 딛고 서 있는 현실 사이에 괴리가 발생했기 때문이다.

텍스트 속 철학적 세계관은 책을 덮는 그 순간 사라지고 만다. 오늘날 철학의 세계와 현실의 세계는 '쩍' 하고 단절되어 있다. 일상에서 부딪쳐야 하는 현실은 철학적 성찰이 한가한 자들의 사치로 느껴질 만큼 치열하다. 철학은 깨우침을 줄지언정 돈을 벌어 생계를 유지하고, 경쟁에서 살아남고, 당면한 삶의 문제를 해결하는 일에서는 그다지 유용하지 않다. 이 같은 배경에서 철학의 위기가 가시화된 지도 꽤 오래되었다. 이제 현대인들은 철학 없이도 아무런 문제 없이 살아갈 수 있으리라 자신한다. 하지만 나는 동의하지 않는다. 앞으로 우리는 철학에 더 많은 도움을 요청하게 될 것이다.

인류는 그 어느 때보다 자신을 자유롭게 정의할 수 있는 시대에 살고 있다. 이는 타인의 생각을 존중하는 문화의 발전 덕분이기도 하지만, 다른 한편으로는 '보통의 삶'이나 '사회적 표준'이라는 표현이 무의미해질 만큼 다양한 삶의 방식이 등장하고, 각자의 방식으로 살아가는 것이 가능해졌기 때문이기도 하다. 현대인은 자신을 직접 규정할 수 있는 자유를 얻었지만, 이와 함께 거대 담론에 기대지 않고 스스로를 증명해야 하는 부담도 지게 되었다. 출신, 성별, 나이, 직업을 포함한 어떤 사회적 기준에도 얽매이고 싶지 않다면 우리는 각자 자신의 삶을 정의하기 위해 스스로에게 질문을 던지고 그에 따른 답을 찾아야 한다. 이런 점에서 정답을 알려주는 철학의 시대는 끝이 났지만, 질문을 만들어내는 새로운 철학의 시대는 이제 시작됐다.

이 시대에 필요한 철학은 걸출한 철학자가 과거에 남긴 답을 답습하는 철학이 아니라 지금 우리에게 필요한 질문을 만드는 철학이다. 때로 그 질문에 허점이 있더라도, 어쩌면 그 질문이 더 많은 복잡함을 수반하더라도 현실에 맞닿은 철학적 탐구는 언제나 마침표가 아니라 물음표로 끝나야 한다. 그런 점에서 허리를 꼿꼿하게 펴고 진리를 말하는 철학에도, 이에 맞서는 발칙한 철학에도 매서운 질문과 비판이 필요하다. 그러니 철학이라는 단어가 주는 중압감을 이겨내 보자. 철학의 난해함과 모호함을 무조건 이해하려 애쓰지 말고 현실에 맞게 삐딱한 태도로 비판하고 반박해 보자.

상식을 통해 이해할 수 있는 세상도 있지만, 반대로 상식을 깨야지만 볼 수 있는 세상도 있다. 아무런 의문 없이 추구해 왔던 상식에 스며들어 있는 낡은 철학을 비틀고, 뒤집고, 끝까지 몰아붙이면 그동안 보이지 않았던 세상의 모습이 드러난다. 철학을 통해 새로운 시각을 얻고 싶다면 이제껏 철학이 설파한 진리를 찾아다니는 대신 삐딱한 자세로 이에 도전해 보자. 비판적 사고의 방향을 세상이 아니라 철학 그 자체로 돌리는 것은 이 시대에 필요한 철학을 찾아가는 여정의 첫걸음이다.

이 책을 통해 말하고 싶은 바는 두 가지이다. 삶에서 마주하는 물음에 대한 해답을 철학에서 찾으려는 사람에게는 철학자들의 숨겨진 선택지를 소개하는 대신 고민의 방향을 바꾸는 시도가 필요하다는 것을 알리고 싶다. 또한 철학이 더 이상 쓸모없다고 생각하는 사람에겐 철학의 쓸모없음 그 자체를 파고드는 것 또한 하나의 철학적 탐구라는 점을 말하고 싶다. 어느 쪽이든 새로운 눈으로 세상을 바라보고 싶어 하는 사람들에게 이 책이 하나의 방법론을 제시하는 참고서가 되기를 바란다.

이 책은 총 3장으로 구성되어 있다. 1장에서는 철학 그 자체를 타깃으로 철학에 씌워 있던 고정관념을 깨뜨리며 이 시대에 적용 가능한 철학적 탐구에 대해 이야기할 것이다. 이를 바탕으로 2장에서는 오랫동안 보편적 가치라 여겨 왔던 이른바 '상식'에 도전한다. '진정한 나', '현실과 가상', '겸손', '인간 본성', '사랑', '소통' 등 이상적 가치로 자리 잡은 개념들을 이 시대의 관점에서 비틀어 볼 것이다. 마지막 3장에서는 과학의 발전과 새롭게 등장한 삶의 방식에 따라 현재 시점에서 고민해 봐야 할 이슈들을 다룬다. 이 과정은 앞선 철학자들의 예언을 이해하기 위해 과거로 돌아가는 것이 아니라 거꾸로 과거 철학자들을 우리 시대로 초대해 질문을 던져보는 시간이 될 것이다.

이제 선생님의 말씀을 충실히 받아들이는 모범생이 아니라 삐딱한 태도로 끝없이 질문을 던지는 불량한 학생이 되어보자.

상식을 뒤집고 보편적 가치를 전복시키는 과정에서 쌓이고 쌓이는 질문을 탐구하는 여정이 끝나면 그동안 당연시했던 많은 것들에서 새로운 모습을 발견할 수 있을 것이다.

차례

3장 ┃ 새롭게 정의하는 21세기의 철학

1장

철학을
부수는
철학

철학에는
업데이트가 없나요?

"아! 테스 형~ 세상이 왜 이래?" 세상을 살아가는 방식엔 정답이 없다는 것을 알면서도 좀처럼 따라가기 힘든 세상에 테스 형에게든 공자 형에게든 묻고 싶을 때가 있다. 장난으로든 진지하게든 말이다. 이 익살스러운 가사는 복잡한 세상을 살아가는 현대인의 마음을 잘 대변한다.

지금도 삶의 이정표를 찾기 위해 철학을 찾는 사람이 꽤 많다. 종합대학에서는 철학과의 입지가 점점 좁아지고 있지만, 출판계와 방송계에서는 인문학의 인기가 높아지고 있다. 전문적인 영역의 수요와 무관하게 일상의 영역에서 철학이 담당하는 역할이 있다는 뜻일 테다.

　삶의 안정을 위해서나 혹은 인문학적 마케팅을 위해서나 철학 고전은 왕왕 필독서로 선택된다. 이러한 철학 고전을 들춰 볼 때면 "걸출한 철학자가 남긴 저작에는 시대를 뛰어넘는 통찰이 들어 있지 않을까?" 하는 막연한 기대를 품게 된다. 이 기대는 오늘날의 서점에서도 철학 고전들이 여전히 스테디셀러의 자리를 차지하는 현상을 만든다. 그런데 여기서 한 가지 의문이 생긴다. 일반적으로 현실의 문제를 해결하기 위해서는 최신의 연구나 지식을 찾는다. 몸이 아파 병원에 갔는데 의사가 100년 전 방식으로 진료를 본다면 경악할 것이고, 정부가 100년 전 경제이론에 근거해 정책을 세운다면 시민들은 가만있지 않을 것이다. 과학과 의학은 물론이고 경제학, 사회학 등의 사회과학 분야에서도 고전보다는 최신의 연구가 현실 문제 해결에 더 좋은 참고 자료가 된다. 그런데 유독 인문학, 특히 철학 분야에서는 아직도 고전의 지위가 높다.

　왜 철학 고전은 여전히 읽히는 것일까? 그 안에 시대가 변해도 유효한 지혜가 담겨 있기 때문일까? 이 물음에 대한 설명이 필요하다.

철학 고전에는 시대를 뛰어넘는 진리가 담겨 있다!?

먼저 과학부터 살펴보자. 인간은 점점 더 정교한 과학 이론으로 세상을 바라본다. 인간은 고대 그리스부터 태양이 지구 주위를 회전한다고 믿어왔지만, 16세기 코페르니쿠스가 지동설을 주장한 이후 지구가 태양 주위를 돈다는 사실이 밝혀졌다. 지동설은 천동설로는 설명할 수 없는 문제를 깔끔히 설명해 내며 천동설의 절대적 지위를 무너뜨렸다. 17세기에는 아이작 뉴턴이 『자연철학의 수학적 원리』로 만유인력의 법칙을 발표하며 화려하게 등장했다. 뉴턴의 역학은 일상생활의 범주에서 일어나는 현상을 명확하게 설명해 냈지만 20세기에 들어 인간 세상이 우주로까지 확장되면서 한계가 드러났다. 이후 상대성이론과 양자역학의 등장으로 뉴턴의 역학은 보완되었고 이 과정에서 '고전'이라는 수식어를 받게 됐다.

과학과 기술의 발전은 '업데이트'의 동의어라고 봐도 무방하다. 문명은 기존의 지식에 최신 정보를 더하며 발전해 왔다. 어느 시점에 이르러 부분 업데이트로는 해결할 수 없는 변혁이 닥치면 기존의 지식을 버리고 새로운 지식을 받아들이는 것이 문명의 진보를 이뤄낸 인간의 사고방식이었다(이처럼 과학 지식에서의 전환이 어떻게 일어나는지를 밝힌 책이 토머스 쿤의 『과학혁명의 구조』이다).

그런데 과학과 달리 철학에는 이 사고방식이 적용되지 않았다. 철학에서는 업데이트의 과정이 제거된다. 그 대신 묵히면 묵힐수록 맛이 좋아지는 묵은지처럼, 철학은 오래되면 오래될수록 그 안에 담긴 통찰이 심오하다고 평가받는다. "이 철학자는 2,000년 전에 이미 인간 사회의 문제에 통달했구나!" 하는 감탄사는 철학 고전이나 고전 문학에서만 가능하다. 철학 고전이 업데이트를 피해 갈 수 있는 것은 "철학책에는 시대를 뛰어넘은 진리가 담겨 있을 것이다"라는 믿음 때문이다. 이 믿음 덕분에 철학 고전은 거칠게 몰아치는 역사의 물결에서 벗어나 흔들리지 않는 바위 위에 고고하게 놓인다. 땅에 깊이 박혀 굳건히 서 있는 바위처럼 소크라테스는 소크라테스대로, 플라톤은 플라톤대로, 데카르트는 데카르트대로, 칸트는 칸트대로 그 자리에서 세상의 진리를 설파한다. 난해한 철학 고전은 시대에 따라 다르게 해석되며 "최신이 최고"라는 업데이트의 세계관에서 벗어난다. 어쩌면 이것이 철학이 인류에게 제공하는 소중한 가치일지도 모르지만, 엄연히 철학에서도 업데이트는 존재해 왔다.

모든 철학자가 합의한 업데이트의 정의는 존재하지 않아도 다수의 철학자가 공통적으로 인정하고 새롭게 시작하는 지점들이 있다. 그렇기에 "철학에는 옳고 그름이 없다"라는 서술은 반은

맞고 반은 틀리다. 철학에는 과학과 달리 시대적 패러다임을 형성하는 주도적인 이론이 없다. 하지만 이것이 곧 철학에 오답이 없음을 뜻하는 것은 아니다. 한 시대를 풍미한 위대한 철학자의 사상도 후대 철학자들에 의해 논파되어 사라지기도 하고, 혹은 보완되어 새로운 개념으로 발전하기도 한다. 현대철학의 대표 주자 중 한 명인 프리드리히 니체의 서양철학 비판을 통해 그동안 철학이 어떻게 업데이트되어 왔는지 한번 살펴보자.

소크라테스야말로 청년들을 타락시킨 자가 아닐까?

니체는 소크라테스와 플라톤에서 시작해 2,500년간 이어져 내려온 서양철학의 뼈대를 깨부수었다. 니체는 소크라테스가 청년들은 물론 '고대에서 아름답게 자라난 존재'인 플라톤마저 타락시켰다고 비판하며 독배를 받을 만했다고 말했다. 왜 니체는 진리를 찾는 일에 열중했던 철학자들을 그토록 맹렬하게 비판했던 것일까? 그는 의미심장한 질문을 던진다. "우리는 진리를 원한다고 가정했는데, 왜 오히려 진리가 아닌 것을 원하지 않는가? 왜 불확실성을 원하지 않는가? 왜 심지어 무지를 원하지는 않는가? 진리의 가치 문제가 우리 앞에 다가왔다."[1]

니체는 '어떤 것이 진리인가?' 그리고 '어떻게 진리를 찾을 수 있는가?'와 같은 전통적인 철학 질문 대신 '진리는 쓸모가 있는가?', '불확실한 것의 가치에 대해서는 왜 논하지 않는가?'와 같은 도발적인 질문을 던졌다. 이러한 니체의 질문은 철학에서 당연하게 생각했던 질문을 당연하지 않게 만들었고 당연하지 않았던 질문을 철학의 중심에 올려놓았다. 이 전환을 유념하며 니체가 플라톤을 비판했던 텍스트를 살펴보자.

● ●

먼 태곳적부터 있었던 통속적 미신(마치 주체의 미신과 자아의 미신으로서 오늘날에도 역시 끊임없이 피해를 주는 영혼의 미신 같은 것), 아마도 말장난 같은 것, 문법의 측면에서의 유혹 또는 매우 협소하고 개인적이며 대단히 인간적인, 너무나 인간적인 사실을 터무니없이 일반화하는 것이다. 독단론자들의 철학은 과거의 점성술이 그랬던 것처럼, 아마 수천 년을 뛰어넘은 앞으로의 약속일 뿐이었다. 이 점성술에 진력하기 위해 아마 지금까지 참된 학문을 위해 지불했던 것보다 더 많은 노동과 돈, 예지와 인내가 소모되었을 것이다. (…) 위대한 것은 모두 그것을 인류의 마음속에 영원한 요구로 새겨 넣기 위해서 우선 섬뜩하고 공포를 불러일으키는 흉한 얼굴로 지상을 방황하지 않으면 안 되는 것처럼 보인다.

독단적 철학, 예를 들면 아시아의 베단타**Vedanta** 이론과 유럽의 플라톤주의가 이런 흉한 얼굴이었다.[2]

　니체는 플라톤주의를 독단적 철학이라 부른다. 플라톤주의가 '언젠가는 찾을 수 있다'는 미신을 퍼트리며 진리를 좇다가 독단에 빠졌다고 니체는 진단한다. 인간은 때때로 삶의 목적은 무엇일까 하는 류의 질문을 던진다. 계속 고민하다 보면 언젠가는 알 수 있지 않을까 하는 질문은 철학적 질문의 흔한 예이다. 그런데 이 생각이 바로 니체가 말하는, 플라톤주의가 퍼트린 점성술과 같은 '통속적 미신'이다. 니체는 이제껏 철학자들이 '진리에의 의지'를 품고, 없는 진리를 있다고 가정하며 그것을 찾아내기 위해 헛수고를 했다고 말한다. 진리를 찾고자 했던 철학자들의 노력은 점성술이 그랬듯, 수천 년을 뛰어넘은 약속을 끝내 지키지 못했다. 그러는 사이에 참된 학문은 제대로 다뤄지지 못했고, 노동과 돈 그리고 많은 지성의 예지와 인내가 낭비되었다며 니체는 탄식한다.

　그런데 여기서 의문점이 생긴다. 본질이나 목적 그리고 진리와 같은 형이상학적 가치를 추구하는 사고방식이 뭐가 문제일까? 진리를 추구하는 인간의 삶은 결과에 상관없이 그 자체로 의미 있지 않은가? 그런 삶이야말로 진정한 삶이 아닌가?

니체의 관점으로 돌아가 보자. 니체는 플라톤주의가 진리는 존재한다는 '통속적 믿음'을 인류의 마음속에 배양하기 위해 공포를 퍼트렸다고 말한다. 진리가 존재하는 세상에서 이에 도전하는 인간은 처형대에 올려졌다. 신이 지배하는 세계관에서는 항상 지옥이 있었고 이 지옥이 참혹하고 무서울수록 신에 대한 믿음은 더욱 굳건해졌다. 플라톤 철학은 인류에게 '신과 진리에 대한 믿음을 통해서만 인간은 제대로 설 수 있다'는 고정관념을 주입했다. 이 고정관념은 인류를 공포에 빠트리며 건강한 숙면에 들지 못하게 만들었고 인간 삶의 생명력을 잃어버리게 만들었다. 이것이 니체가 비판한 플라톤부터 이어져 내려온 진리만을 좇던 서양철학의 아집이 인류에게 남긴 손실이었다. 니체는 "신은 죽었다"라고 외치며 플라톤주의를 무너트렸고, 세계를 진리가 지배하는 독단의 세계에서 관점에 따라 달리 보이는 관점주의적 세계로 이행시켰다. 이는 현대철학의 본격적인 시작을 알리는 신호탄이었다.

니체 외에도 여러 현대철학자들은 각자의 방식으로 철학을 업데이트해 나갔다. 서른네 살에 출간한 첫 번째 저작으로 "모든 철학의 문제를 해결했다"라고 자신하며 언어를 철학의 중심으로 가져온 루트비히 비트겐슈타인, 인간은 의식이 아니라 무의식의 지배를 받는다는 '무의식 혁명'을 일으킨 지그문트 프로이트, 명

증한 지식을 추구하는 과학에서도 정치와 비슷하게 혁명이 일어
난다고 말했던 토머스 쿤, 신에 기대지 않는 실존을 고민한 장 폴
사르트르, "철학은 2,500년간 플라톤의 주석을 다는 데 불과했
다"라고 비판하며 실용주의 철학을 주장한 리처드 로티, 타자를
제1원칙으로 하는 타자 윤리학을 구축한 에마뉘엘 레비나스, 사
유보다 신체를 앞세운 '몸의 철학자' 모리스 메를로 퐁티 등 많은
현대철학자가 이전과는 다른 방식으로 탐구하며 철학을 업데이
트해 나갔다. 그들은 플라톤이 만들어놓은 이데아와 현실의 구도
에서 벗어나 현대철학의 시대를 열었다.

업데이트되지 않은 것은
우리의 질문이 아닐까?

철학을 통해 인간 삶의 목적이나 인간의 본질에 대한 답을 구하
려는 시도는 현대철학의 작업을 건너뛰고 철학의 역사를 역행하
는 일이다. 물론, 과거 철학자들의 성찰과 고민을 통해 시대를 뛰
어넘는 지혜를 발견하는 것이 완전히 불가능하다고 단정 짓긴 어
렵다. 하지만 아무리 뛰어난 철학자라고 해도 그들이 처한 시간
과 공간이라는 환경적 제약 안에서 사고할 수밖에 없다는 사실을

고려해야 한다. 이는 근대와 현대 철학자들의 작업에도 해당하는 것이며 당연히 이 시대의 철학자들에게도 해당되는 일이다. 지금 시대에 뛰어난 철학자의 사상이라 해도 그 철학자의 분석이 모든 국가에 일괄적으로 적용될 수는 없다. 마찬가지로 한국에 뛰어난 철학자가 존재한다고 해도 그의 말이 한국 사회 전체를 아우를 수는 없다. 이런 점에서 철학 고전의 지혜를 지금 사회에 이식하려는 시도는 가능하지도, 바람직하지도 않다.

만약 스마트폰을 뛰어넘는 혁신적인 기계를 개발하려고 한다면, 과거로 돌아가 '삐삐'의 작동 원리를 다시 살펴볼 게 아니라 삐삐-피처폰-스마트폰으로 이어지는 역사를 통해 기술이 어떻게 보완되고 혁신되어 왔는지를 분석해야 한다. 이처럼 철학자들이 앞선 철학자들의 사상을 어떻게 극복하고 보완했는지를 살펴본다면 철학 고전의 지혜를 우리 시대로 끌어오는 일도 가능하다. 철학적 탐구의 핵심은 철학 그 자체가 아니라 '철학 사상의 업데이트'에 있다는 사고의 전환이 지금 이 시대에 필요하다.

인간 삶의 목적이나 세상의 본질에 대한 의문은 2,000년 전 인간에게도 지금 우리에게도 중요한 물음이다. 어쩌면 이러한 질문들은 인간이라면 숙명적으로 할 수밖에 없는 고민일지도 모른다. 하지만 업데이트되지 않는 그 인간적인 고민이 우리에게 '철학은 업데이트되지 않는다'는 인식을 심어주었을 수도 있다. 그렇다면 결국 업데이트되지 않았던 것은 철학이 아니라 우리의 질문이 아니었을까? 이제 우리의 질문을 업데이트해 보자. 모든 인간에게 적용 가능한 공통된 삶의 목적을 따져 묻기보다 "개인은 어떤 과정을 통해 자신만의 가치관에 따라 살 수 있게 되었는가?" 혹은 "삶의 궁극적인 목적 없이도 인간은 흔들리지 않고 전진할 수 있을까?"라는 질문을 던져보자. 이것이 지금 우리에게 진실로 필요한 질문일 것이다.

이 질문들에 대해 스스로 납득할 만한 답을 구할 수 있다면 삶의 무게는 조금 더 가벼워질 것이다. 철학을 통해 삶의 해답을 찾으려고 한다면 철학 고전에 진리가 담겨 있다는 기대를 버려야 한다. 철학에서 해답을 찾고자 하는 이의 시대착오적인 기대가 오히려 철학을 더 어렵고 고리타분하게 만든다.

철학에도 업데이트는 있었다. 물론 업데이트가 항상 더 가치 있는 방향으로 진행된다고 보장할 수는 없다. 가끔은 쉴 틈 없이 전달되는 카카오톡의 메시지보다 천천히 음미할 수 있는 편지가 더 소중한 것처럼 말이다. 그러나 스마트폰이 인간의 능력을 얼마나 확장했는지 돌이켜 본다면 필요에 의해서 진행되는 업데이트가 결과적으로 그 대상을 더 쓸모 있게 만든다는 점은 확실해 보인다. 그러니 철학이나 인문학을 통해 해답을 얻고자 한다면 최신 버전의 철학적 탐구로 관심을 옮겨보자. 시선을 시대에 발

맞춘 철학으로 옮길 때 비로소 철학은 그렇게 난해하지도 쓸모없

지도 않을 것이다.

보통의 일상에서 찾은
철학의 쓸모

지식의 문제는 과학에, 경제적 문제는 경제학에, 사회적 문제는 사회학에, 그리고 인간의 내적 문제는 심리학에 자리를 내어준 철학은 현대사회에서 쓸모를 증명하지 못하고 있다. 인문학 열풍이 불던 시기에도 위기는 끝나지 않았다. 생존의 위기 속에서 철학은 삶의 해독제 역할을 자처하지만 그마저도 제대로 해내지 못하고 있는 실정이다. 그래서일까? 학문의 전당이라 불리는 대학에서도 철학이 설 곳은 점점 좁아지고 있다. 대학에서 인문계열 학과를 축소, 폐지하는 움직임이 일기 시작했고 내가 공부했던 학교도 그런 흐름에 동참했다. 학교는 동네 카페를 프랜차이즈

카페로 바꾸듯 일사천리로 구조조정을 마치려고 했지만 학생들의 반발로 계획에 차질이 생기기 시작했다. 이 문제는 교문을 넘어 기초학문의 생존 위기라는 사회문제로도 다뤄졌다. 결국 문과대학 축소 및 개편을 골자로 하는 구조조정안은 폐기되었다.

이렇게 철학과는 살아남았다. 하지만 그것이 꼭 해피엔딩을 의미하는 것은 아니었다. 철학과 구성원은 학교의 독단적인 결정이 정당하지 않다는 것은 입증해 냈지만, 그것보다 더 핵심적인 문제였던 철학과가 대학교에 존재해야 하는 이유는 설명하지 못했다. 사실 외부에서보다 내부에서 철학만 공부해서는 아무것도 할 수 없다는 현실을 더 냉정하게 자각하고 있었다. 철학과에 진학하는 학생 중 상당수가 원하는 대학교에 입학하기 위해 입학점수가 상대적으로 낮은 철학과를 선택한다는 점과, 다수의 학생이 취업에 유리한 학과로 전과를 계획하고 있다는 것은 공공연한 사실이었다. 그래서 "사회에서 점점 더 수요가 없어지는 철학과를 왜 계속 유지해야 하는가?"라는 질문에 "철학은 꼭 필요한데… 중요한데…"만을 중얼거릴 수밖에 없었다.

이때의 비극으로 나는 철학의 쓸모에 대한 끝없는 질문을 품게 되었다. 이제 철학이 세상에서 할 수 있는 역할은 사라진 것일까? 오늘날 철학은 하나의 분과 학문으로 전문 연구자 몫으로 남겨야 한다는 의견도 있지만, 대학교에서 철학과가 사라진다면 강단에서 논의되는 철학 역시 쪼그라들 수밖에 없을 것이다. 철학은 왜 보통의 일상에서 더는 쓸모가 없어진 것일까? 철학이 일상에서 멀어진 데에는 인간이 가진 무한한 가능성을 강조하며 희망찬 메시지만 퍼트리는 '천국을 말하는 철학'과, 뒷짐을 지고 근엄하게 자본주의를 비판하는 '지옥을 말하는 철학'에 책임이 있다. 이 두 가지 철학은 인문학 열풍을 타고 불티나게 팔려나가면서 오히려 철학의 쓸모없음을 입증했다.

천국을 말하는 철학

천국을 말하는 철학자들은 이 세상을 도전하는 인간의 자아실현이 이루어지는 꿈의 동산으로 묘사했다. 이 꿈의 동산은 어떤 고난과 역경에도 결말은 해피엔딩일 것이고 또 그래야만 한다는 확신으로 가득 차 있다. 자신의 잠재력을 개발하여 궁극적 자아실현에 이르는 과정을 행복이라 정의한 고대의 아리스토텔레스에서부터 자아실현의 욕구를 인간의 가장 고차원적인 욕구로 정의한 현대의 에이브러햄 매슬로까지, 천국을 말하는 철학자들은 거룩한 목소리를 높인다. "당신의 꿈을 이뤄라!", "당신은 무엇이든 해낼 수 있는 존재다!", "인간은 누구나 무한한 잠재력을 가지고 있다!" 역사적인 업적을 남긴 천재들의 삶과 위대한 가르침을 남기고 간 성인들의 삶, 그리고 고난 속에서도 뛰어난 성취를 이룬 저명인사들의 삶을 소개하며 천국을 말하는 철학은 책임질 수 없는 희망의 메시지를 퍼트린다. 인간의 잠재력에 심취한 인문 교양서와 영웅담으로 가득한 자서전, 그리고 특히 성공에 이르는 각종 비법을 제시하는 자기계발서에 듬뿍 함유되어 있는 희망의 메시지는 곳곳에서 인용되며 무력감에 빠진 이들에게 쉴 새 없이 동기를 부여한다.

이로써 천국을 말하는 철학은 기만을 행한다. 경쟁을 통해 소수만이 성공의 문으로 들어갈 수 있는 경쟁사회에서 누군가 꿈을 이루었다면 그 반대편의 누군가는 꿈을 이루지 못한 채 생존을 위해 살아가고 있다는 사실을 은닉하기 때문이다. 자신이 가진 능력을 개발하여 성과를 내고 그것을 통해 욕망을 실현하는 일련의 과정은 개인의 행복도를 높이는 과정이라고 할 수 있다. 최대한 많은 사람이 그러한 성취를 이뤄낼 수 있는 사회라면 분명 긍정적일 것이다. 하지만 현대사회는 승자와 패자가 존재하는 경쟁사회이며 사회계층은 점점 더 양극단으로 쏠리고 있다. 그렇기에 경쟁의 냉혹함을 이야기하지 않고서는 성취의 달콤함을 이야기할 수 없다. 공정한 경쟁을 펼쳐 승자는 기쁨을 누리고 패자는 힘을 내 다시 도전하는 이상적인 경쟁은 없다. 누군가는 도태

될 수밖에 없고, 도태된 사람이 많으면 많을수록 승자가 가져가는 몫은 커진다. 성공한 이들에게만 스포트라이트를 비춘다고 한들 경쟁에서 밀려나 불행에 빠진 사람들이 이 세상에서 사라지는 것은 아니다. 천국을 말하는 철학자들이 주장하는 '인간은 자아실현을 통해서 진정한 행복을 느낄 수 있다'는 잔인한 담론은 실패한 이들에게 감당하기 어려운 자괴감을 유발한다. 꿈과 목표를 가지기만 하면 현실의 모든 일이 해결될 것처럼 낭만적인 말을 늘어놓는 그들의 응원은 사회에서 벌어지는 경쟁이 치열해질수록 더 기만적으로 들려온다. 인간의 가능성을 예찬하는 철학자들은 자아실현을 최고의 행복으로 단정 짓는 순진무구함과, 경쟁에서 뒤처진 이들을 못 본 척하는 그 뻔뻔함 때문에 걷잡을 수 없는 비판에 직면했다.

지옥을 말하는 철학

경쟁이 심화하는 사회에서 도전과 자아실현을 말하다 신뢰를 잃은 '천국을 말하는 철학'의 자리를 '지옥을 말하는 철학'이 대신했다. 이제 철학은 꿈, 도전, 자아실현을 말하지 않는다. 그 대신 자아실현을 어렵게 만드는 자본주의 전체를 거부한다! 이 철학은 자본주의 사회를 살아가는 모든 사람을 억압된 존재로 규정한다. 세상을 자본주의가 지배하는 지옥이라고 정의하는 이들은 공부를 하고, 취업을 하고, 결혼을 하며 살아가는 보통의 삶을 모두 불행한 것으로 묘사한다. 지금 당장 '진정한 나'를 찾으러 떠나지 못하는 나약한 인간은 돈에 조종당하는 꼭두각시라며 조소한다. 이에 그치지 않고 "당신들은 자본에 매몰되어 인간의 내적 가치를 망각하고 허깨비처럼 살고 있다"라며 따끔한 일침을 가한다. 그러고는 철학의 개념을 이용해 훈계를 시작한다. "자본주의는 인간을 노동에서부터 소외시킨다!"와 같은 철학적 수사가 대표적이다. 카를 마르크스부터 본격적으로 시작된 노동 소외론은 1900년대를 거쳐 여러 방식으로 변주되며 휴머니스트를 자처하는 이들의 사회 비판 근거로 사용됐다. 예를 들면 이런 형식으로 말이다.

● ○

돈이 가장 중요하며 그다음으로 중요한 것이 돈으로 팔릴 수 있는 노동이라고 믿는 순간, 우리는 돈으로 팔릴 수 없는 노동을 스스로 부정하게 된다. 여기서 심각한 문제가 벌어진다. 우리는 자신이 좋아하는 노동을 긍정하지 못하고 자본이 좋아하는 노동을 수행할 수밖에 없으니까 말이다. 이것이 바로 노동의 소외라는 현상이다.[3]

자본주의 사회를 지옥이라 말하며 진정한 삶의 가치를 묻는 철학자의 경고는 신선했다. 삶의 의미를 묻는 출발점이 쳇바퀴 같은 일상의 지겨움과 허무함에서 비롯됐으니 말이다. 그들을 통해 우리는 한 번쯤 자신의 삶을 되돌아볼 기회를 얻게 되었다. 그러나 어느새 시큰둥해졌다. 정말로 자본주의 사회를 살아가는 현대인은 돈만을 좇으며 돈으로 팔릴 수 없는, 자신이 좋아하는 노동을 부정하게 되었는가? 매일 출근해 업무에 시달리는 것이 때로 불행할 수도 있다. 당장 그만두고 싶지만 생계를 위해 인내하며 말 그대로 돈을 위해 억지로 일할 수도 있을 것이다. 하지만 그렇다고 해서 그 삶을 자신이 좋아하는 노동을 긍정하지 못하는 비극적인 삶이라 단정 짓긴 어렵다. 자본주의를 악이라 칭하는 철학자는 마치 우리 모두가 지금 당장 돈으로 팔릴 수 없는 노동을 하러 떠나야 하는 것처럼 말한다. 용기 있게 자본주의적 욕망을 떨쳐내고 자신이 좋아하는 일을 찾아 속세를 떠나는 사람만이 진정한 삶을 살아가는 것처럼 말하지만, 그것은 철학자의 지나친 오만이다.

개인은 그 자신의 가치관에 따라 노동에 다양한 의미를 부여한다. 어떤 사람은 노동 그 자체를 삶의 이유로 삼는 '워커홀릭 **Workaholic**'으로 살아가고, 어떤 사람은 노동시간과 여가 시간 사이에 확실한 선을 긋는 '워라밸 **Work-life-balance**'을 추구한다. 또 어떤 사람은 노동시간과 여가 시간을 나누지 않고 그것을 적절히 통합하는 '워라인Work-life-integration'을 추구한다. 노동 소외론은 자기 일을 자신의 정체성으로 삼는 워커홀릭의 삶만을 포괄할 뿐, 워라밸과 워라인을 추구하는 이들의 삶은 포괄하지 못한다. 각기 다른 전략으로 자신의 행복을 추구하는 이 사람들에게 노동 소외론은 철 지난 관점이다.

현대인의 노동은 컨베이어벨트 앞에서 볼트를 조이는, 마르크스 시대의 노동과 차이가 있다. 오늘날 인간의 노동은 단순하고 반복적인 행위로 물질적 재화를 생산하는 활동만을 의미하지 않는다. 한국 노동자 대부분이 종사하는 서비스업에서는 개인의 직무 능력 개발이 곧 소비자의 만족으로 이어진다. 오늘날 사회에서 돈으로 팔릴 수 있는 노동과 자신이 하고 싶은 노동은 끊임없이 교차된다. 그렇기 때문에 돈으로 팔릴 수 있는 노동이라 하여 무조건 개인을 불행한 상황에 빠트리거나 우울증에 빠지게 만든다고 보기는 어렵다.

돈으로 팔리는 노동을 비판하고 돈으로 팔 수 없는 노동을 강박적으로 치켜세우는 철학자의 이분법으로는 이러한 다양한 노동 양식을 포착할 수 없다. 자본주의 사회를 지옥으로 묘사하는 철학자는 사람들에게 "당신들은 스스로 좋아하는 일을 긍정하지 못한 채 소외된 삶을 살아가고 있다"라며 목소리를 높이지만 정작 세상으로부터 소외된 것은 그들의 낡은 충고이다.

철학자는 인간을
꼭 사랑해야만 할까?

이처럼 대중적으로 소비되는 철학은 세상을 개인의 자아실현이 이루어지는 기회의 땅으로 보는 '천국을 말하는 철학'과, 사람들이 물질적 가치만을 좇게 만드는 폭력적인 공간으로 보는 '지옥을 말하는 철학'으로 나누어진다. '천국을 말하는 철학'은 자아실현을 최고의 행복으로 무작정 단정 짓는 성급함과 경쟁에서 뒤처진 이들을 외면하는 뻔뻔함 때문에, '지옥을 말하는 철학'은 여전히 자본가와 공장 노동자의 대립으로 오늘날 개인의 노동을 설명하려는 고리타분함 때문에 일상으로 파고들지 못하고 공허하게 흩어져 버리고 만다.

천국과 지옥을 말하는 이 두 철학에는 공통점이 있다. 바로 인간다움을 가장 고귀한 가치로 여기는 휴머니즘이 녹아들어 있다는 것이다. 철학에서의 인간다움은 마치 종교의 도그마처럼 무조건 추구해야 하는 가치로 설정된다. 이 인간다움을 실현하기 위해 한편에선 강박적으로 자아실현에 집착하고 다른 한편에선 자본주의를 현실 문제의 근원이라 비판한다. 하지만 도그마에서 출발하는 모든 주장이 그렇듯 인간다움을 최우선의 가치로 정해 두고 시작되는 철학적 탐구는 현실과 동떨어질 수밖에 없다. 철학에서도 인간다움의 발현과 보존이라는 궁극적 목적을 설정하고 나면 복잡하게 꼬여 있어 우선순위를 매기기 어려웠던 가치들이 일렬종대로 헤쳐 모여 애초부터 명확한 질서가 존재했던 것 같은 환각을 불러일으킨다. 이 환각 때문에 인간다움을 진리로 여기는 철학자들은 종종 인간사의 모든 문제에 정답을 알고 있다는 어리석음에 빠진다. 인간다움은 무슨 일이 있어도 지켜져야 한다는 믿음, 철학이야말로 이런 믿음에 답을 줄 수 있는 학문이라는 믿음, 이러한 순진한 믿음들에서 출발하는 철학적 성찰은 인간 삶의 해독제를 자처하다가 도리어 독이 되고 만다.

이제 우리는 이런 질문을 던져볼 수 있다. "인간을 사랑하지 않고서는 철학을 할 수 없을까?", "휴머니즘이라는 단어 없이 철학으로 일상의 문제를 분석할 수는 없을까?" 철학의 쓸모는 인간을 무조건 소중하게 바라볼 때 생기지 않는다. 오히려 그 선의를 내려놓을 때 철학은 제 역할을 할 수 있다. 인간다움을 최상위로 올려두고 조직되었던 가치의 위계질서를 붕괴시킨 다음에야 우리는 우리의 생각대로 가치를 재배열할 수 있다. 진리를 말하는 철학 고전이든 인간을 사랑하는 휴머니스트의 철학이든 모든 철학책은 그저 하나의 가치 배열을 제시하는 참고서일 뿐이다. 철학자들의 거대 담론과 평범한 개인의 서사를 같은 무게로 다룰 수 있을 때 철학은 비로소 일상으로 파고들어 도움을 줄 수 있다.

쓸모 있는 철학의 역할은 변화하는 세상 속에서 인간의 문제를 다양한 시각으로 분석하며 선택 가능한 해석본을 제공하는 일이다. 이 해석본은 선택한 관점에 따라 무한히 도출될 수 있으며 맥락의 변화에 따라 끝없이 재서술될 수 있다. 철학이 세상을 하나의 명사로 결론짓는 일을 멈추고 여러 동사를 이용해 변화의 흐름을 추적하는 작업에 집중한다면 고뇌하는 사람들에게 도움이 되는 관점을 제공할 수 있을 것이다. 물론 복잡한 현상을 복잡하게 다루는 이러한 철학적 성찰이 처음부터 쉽지는 않을 것이다. 변화하는 시대와 사회를 분석하고 그 안에서 인간에게 발생하는 문제를 논하는 일로는 문제의 복잡성을 단순 명료하게 파악하는 대안을 도출하지 못할 수도 있다. 그러나 그 복잡함을 드러내는 작업만으로도 우리는 철학을 통해 자신이 처한 상황에 적용해 볼 만한 선택지들을 얻을 수 있다. 그러한 선택지들이 많으면 많을수록 우리는 개인의 자유로운 사고를 옥죄던 근엄한 철학의 명령으로부터 해방돼 한결 가볍고 자유롭게 사유하며 살 수 있을 것이다.

용감한 사람들과
겁쟁이 철학자

오늘날 한국에는 6.25 전쟁 후 폐허가 된 땅에서 급격한 경제성
장을 일으킨 한강의 기적이라는 산업화의 서사도, 군부독재에
맞서 싸워 민주주의를 쟁취한 민주화운동의 서사도 수명을 다했
다. 어떤 정치적, 역사적, 종교적, 철학적 담론도 개인에게 정체성
을 부여하지 못한다. 한국 사회에 등장한 새로운 주체는 산업의
역군으로도 혹은 민주화운동의 투사라는 이름으로도 자신을 표
현하지 않는다. 각 개인은 각자의 욕망에 따라 서로 다른 가치관
을 추구하고 자신만의 정체성을 형성하며 살아간다. 이렇게 이
질적인 욕망을 추구하는 사람들에게 인간 삶의 궁극적 목적을

따지는 질문은 이제 더는 유효하지 않다. 심오한 철학적 질문은 이 시대에 그저 따분한 질문일 뿐이다. 공통의 지향점을 잃은 채 분열되어 살아가는 오늘날의 개인은 위태롭게 묘사된다. 그리하여 즉각적인 행복을 보장하는 물질적 가치를 열렬히 추구하는 사람들이 모여 사는 이 시대는 줄곧 인간성 상실의 시대로 표현되기도 한다.

오직 소수의 성찰하는 인간만이 모든 사물은 그것이 만들어진 이유가 있다는 과거 철학자들의 말을 되새기며 인간의 삶에도 본질적인 목적이 주어져 있다고 믿는다. 그들은 "삶에 본질적인 목적이 없어도 인간은 흔들리지 않고 나아갈 수 있을까?"와 같은 심오한 고민에 빠진다. 상실의 시대에 성찰하는 인간은 철학을 통해 어떤 흔들림 속에서도 굳건히 설 수 있게 해주는 참된 삶의 가치를 찾는 일에 필요한 힌트를 얻고자 한다. 그들은 철학책을 펴고 물질적 가치의 범람과 폭주하는 자본주의적 욕망의 넘실거림 속에서도 흔들리지 않는 정체성을 찾고자 한다. 성찰하는 인간은 자본주의 사회에 녹아들지 못하고 표류하지만, 현실 너머의 철학적 물음에 의지하며 오히려 안정감과 균형을 유지하는 것처럼 보인다. 그들은 사회에 온갖 문제들이 발생하는 이유가 성찰하는 인간이 사라진 것에 기인한다고 생각한다. 그렇기에 삶의 궁극적 목적에 대해 묻는 것을 망각해 버린 자본주의적 인간들에게 더 나은 가치를 위해 살라고 조언한다.

삶의 목적을 구하기 위해 고뇌하는 인간은 물질적 가치의 지배에서 벗어난 고양된 인간처럼 보인다. 철학을 공부해야 한다고 생각하는 이들은 성찰하는 인간이 많아질수록 사회가 더 나은 방향으로 진보할 것이라고 믿는다. 하지만 모든 인간이 추구할 만한 본질적 가치를 찾아야 한다는 그 강박이 인간의 역사에서 참담한 비극이 발생하는 원천으로 작용했다면 어떨까? 현실 너머에 있는 인간 삶의 목적을 찾아 헤매는 오늘날의 성찰하는 인간은 에리히 프롬의 『자유로부터의 도피』에 등장하는, 자유로부터 도피하는 근대인의 모습과 닮아 있다.

인간은 자유를 두려워한다

프롬은 나치즘의 등장과 승리에 대해 당시 독일 사회의 경제적, 정치적 조건을 분석하는 것만으로는 전체 현상을 설명할 수 없다고 보았다. 그에 따르면 나치즘은 독일인들의 심리적 토대 위에서 쑥쑥 자라났다. 히틀러로 대표되는 나치스는 제1차 세계대전에서 처참히 패하여 좌절감과 무력감에 빠져 있던 독일을 재건해 다시 전쟁을 일으켰다. 이것이 가능했던 것을 히틀러와 괴벨스의 선전·선동의 기술이 강력했기 때문이라고 보는 시각에서 벗어나 프롬은 새로운 관점을 제시한다.

● ○

> 히틀러 같은 자들은 오로지 권모술수만으로 거대한 조직체인 국가를 지배하는 권력을 얻었고, 그들과 그들의 추종자들은 순전히 힘으로만 나라를 통치하고 있으며, 국민은 의지라고는 전혀 없는 배신과 테러의 대상일 뿐이라는 생각도 당시 널리 퍼져 있던 환상, 어쩌면 모든 환상 중에서 가장 위험한 환상이었다.[4]

프롬은 권위주의적 체제가 자리 잡게 된 역사를 광기에 찬 괴물의 등장만으로 설명하는 것을 경계한다. 그는 독일인들이 자유에서 스스로 도피하여 개인의 자유를 송두리째 빼앗으려는 전체주의 체제를 열성적으로 지지했던 현상을 독재자의 권모술수만으로 설명하는 것은 불가능하다고 보았다. 나치스가 독일을 점령할 수 있었던 것은 수백만의 독일 시민들이 그들의 선조가 자유를 위해 싸운 것만큼이나 열정적으로 자유를 포기했기 때문이라고 프롬은 주장한다. 그렇다면 왜 독일 시민들은 자유를 포기하고 열광적인 나치스가 되어 나치즘에 복종하게 된 것일까? 프롬은 '~으로부터의 자유'를 뜻하는 소극적 자유와 '~으로의 자유'

를 뜻하는 적극적 자유의 개념을 통해 이를 설명한다.

　제1차 세계대전이 발생한 1900년대 초, 유럽에서는 이미 기독교가 지배하던 질서가 무너져 내리고 있었다. 그동안 기독교적 질서는 인간에게 종교적 교리에 따라 삶의 목적을 부여해 왔다. 교리와 규칙은 개인의 자유로운 생각과 행동을 제한하기도 했지만 다른 한편으로는 안정감과 소속감을 주기도 했다. 이런 점에서 기독교적 질서의 해체는 해방이자, 개인에게 정체성을 부여하고 삶을 지탱해 주던 버팀목이 사라지는 일이었다. 근대에 이르러 사람들이 '종교인'에서 '개인'으로, 즉 종교적 삶에서 벗어나 새로운 주체로 거듭난 것은 우연이 아니다. 이 가운데 산업화를 먼저 끝낸 유럽의 강대국들이 식민지를 차지하기 위한 쟁탈전을 벌이기 시작했고 폭주하던 유럽에서는 결국 제1차 세계대전이 발발했다. 4년 후에나 끝이 난 이 전쟁에서 패전한 독일은 막대한 배상금을 물고 영토의 약 15퍼센트를 잃어야 했다.

　이후 독일에서는 인플레이션이 발발했고 시민들의 생활 기반은 붕괴했으며 사회 곳곳에서 세대 간 갈등은 물론 사회제도의 변화로 인한 혼란까지 생겨났다. 일련의 역사적 소용돌이 속에서 독일 시민들은 종교적 교리에도, 국가적 질서에도 의지할 수 없게 되었다. 기존의 질서가 사라져 온전한 자유에 내던져진 독일인들은 고독과 외로움을 경험해야 했다. 그들은 자신들의 자유를 가져가서 안정감과 소속감을 줄 수 있는 무언가를 갈구하고 있었다. 이때 등장한 히틀러는 게르만족의 우월성을 주장하며 독일 민족의 영광을 되찾겠다는 매력적인 강령을 앞세워 자유로부터 도피하고자 했던 시민들의 심리를 집요하게 파고들었다. 강력한 국가를 내세운 그의 장대한 계획이 불안한 자유를 누리고 있던 독일 시민들에게 다시 자유를 내던지고 정체성을 부여해 주는 질서 속으로 걸어 들어가게, 즉 나치스로 거듭나게 만들었던 것이다.

프롬은 개인을 속박하던 중세 시대의 질서로부터의 해방이 약 400년에 걸쳐 진행되면서 인간이 정신적, 감정적으로 발전했고 뛰어난 문화적 성취를 일구어냈지만 그와 동시에 '~으로부터의 자유'와 '~으로의 자유' 사이에 지연이 발생했다고 간추린다. 즉 근대인은 자신을 속박하던 질서에서 벗어나 소극적 자유를 쟁취했지만 스스로 가치판단을 하며 자신의 자유를 실현하는 적극적 자유를 쟁취하지 못해 불안에 빠졌다는 것이다. 어떤 것에도 속박받지 않고, 또 어떤 것도 추구하지 않는 상황에 놓인 근대인은 자신이 갖게 된 자유를 무거운 짐으로 여겨 그것으로부터 도피해 버리고 말았다. 이 책을 통해 프롬은 자유의 증대가 꼭 개인의 자유로운 삶을 보장하지 않는다는 사실을 강조한다. 인간은 무엇보다도 자유를 원하지만 온전한 자유를 얻게 되면 고독과 무력감에 빠져 자유로부터 도피한다는 그의 분석은 개인의 자유가 가능한 한 최대로 보장되는 것이 바람직하며 그런 사회를 향해 인간 문명이 나아간다는, 기존의 널리 알려진 자유에 관한 믿음을 흔들었다.

용감한 사람들과 겁쟁이 철학자

자유로부터 도피하는 현상은 나치즘에 빠져든 근대 독일인에게서만 관측되는 현상은 아니다. 이는 민주주의 국가에서 흔히 볼 수 있는 보편적인 현상이라고 프롬은 지적한다. 그는 현대에 이르러 많은 개인이 자기 자신이기를 그만둔다고 말한다. 이들이 자유로부터 도피하는 방법은 '자동인형적 순응'이 되는 것이다. 온전한 자유를 두려워하는 현대인은 문화적 유형이 제시하는 정상적인 성격을 그대로 수용해 타인이 나에게 기대하는 모습 그대로 살아가며 타인과 나의 차이를 지워버리고자 한다. 이는 마치 동물이 보호색을 띠는 것과 같이 나와 사회의 색을 일치시켜 생존하는 방법이다. 프롬은 자동인형적 순응이 되어가는 인간의 모습을 이렇게 평가한다.

자신의 개별적 자아를 포기하고 자동인형이 되는 사람은 주위에 있는 수백만 명의 다른 자동인형과 똑같기 때문에, 더 이상 고독과 불안을 느낄 필요가 없다. 하지만 그가 치르는 대가는 비싸다. 그것은 자아의 상실이다.[5]

프롬은 자유의 두 가지 측면을 드러내면서 인간은 무거운 부담을 지우는 자유로부터 도피해 의존과 복종으로 돌아가거나 불안감과 고독을 무릅쓰면서도 자신에게 주어진 자유를 적극적으로 실현하는 것 중 하나를 선택하게 된다고 말한다. 그가 지적한 대로 인간은 자신을 얽매는 것으로부터 자유를 쟁취하기 위해 열렬히 투쟁하지만 정작 자유를 얻고 나서는 온전한 자유가 주는 외로움과 고독감을 이겨내지 못해 자유를 반납하고 소속감을 주는 것에 종속됨으로써 자유로부터 도피한다. 회사의 위계질서와 규칙에 답답함을 느껴 퇴사를 선택한 직장인이 창업하는 대신 다시 새로운 회사에 입사하는 것처럼 말이다. 이 불가피한 순환은 인간의 삶 속에서 계속된다.

프롬은 이 순환을 멈추는 방법은 바로 적극적 자유를 발휘하는 것이라고 말한다. 이는 곧 '자발적 활동'을 하는 것을 뜻한다. 여기서 그가 말하는 자발적 활동이란 남에게 의존하거나 끌려다니지 않는, 자유의지를 통해 인간의 감정적, 지적, 감각적 경험이 통합되어 이루어지는 창조적 행위이다.[6] 그는 자발적 활동의 예로 자기 자신을 자발적으로 표현하는 예술가의 작업과 '자기 것'을 느끼고 생각할 수 있는 어린아이의 천진난만함을 제시한다.[7]

이제 삶의 목적을 망각한 채 파편화되어 살아가는 현대인과, 그 속에서도 삶의 궁극적 목적을 찾아 헤매는 성찰하는 인간의 모습이 달리 보이기 시작한다. 어떤 종교적 교리에서도, 어떤 정치적 기획에서도, 어떤 철학적 담론에서도 자신의 정체성을 구걸하지 않는 오늘날 현대인은 인간성을 상실한 위태로운 존재가 아니라 고독과 외로움을 무릅쓰고 적극적 자유를 실현하는 용감한 존재로 해석할 수 있다. 이들은 공통된 삶의 목적을 부여해 주는 것을 찾아 의존과 복종으로 돌아가지 않는다. 오히려 모든 인간의 삶을 포괄하려는 거대한 서사의 허구성을 비웃으며 기꺼이 혼란스러운 현실로 들어가 때로 비틀거리면서도 자유롭게 자신이 추구하는 가치를 향해 살아간다.

프롬이 우려한 것과 달리 이들은 어떤 지식인의 권위에도 쉽게 속아 넘어가지 않는다. 오히려 그들은 지식인의 진중한 발언을 비웃고, 주장의 반론을 찾고, 근거로 제시한 데이터의 허구성을 고발한다. 오늘날의 개인들은 자신도 지식인이 될 수 있음을 부정하지 않는다. 게임 속 가상의 세계에서 살아가는 사람도, 돈에 목을 매며 자본주의에 충실한 사람도, 일을 통해 자기 자신을 규정하는 사람도, 일과 거리를 두며 여유를 만끽하는 사람도 모두 제각기 다른 목적을 갖고 살아간다. 이들의 삶에서 공통된 목적을 찾을 수는 없지만 이들은 외부에서 씌우는 어떤 정체성도 받아들이지 않고 자신이 가진 자유를 만끽한다는 공통점을 갖고 있다.

반대로 인간의 삶에 처음과 끝, 그리고 완성본과 쓰임새가 모두 나와 있는 설계도가 존재할 것이라는 믿음으로 인간에게 부여된 삶의 목적을 찾아 헤매는 성찰하는 인간, 철학적 인간은 오히려 자신에게 주어진 자유로부터 다시 도피한다. 그들은 언젠가 설계도를 찾으면 자신에게 닥친 무력감과 허무함이 사라질 것이라는 기대를 가지고 그것을 찾아 헤맨다. 하지만 애초에 그러한 설계도가 없기 때문에 성찰하는 인간의 기대는 언제나 충족되지 못한다. 역사적으로 존재했던 것은 그러한 설계도 자체가 아니라 이 세상 어딘가에 그러한 설계도가 있을지 모른다는 막연한 바람뿐이었다.

설계도가 있다고 믿는 것은 결국 그 설계도를 만든 엔지니어가 존재한다고 믿는 것과 같다. 그렇기에 삶의 목적을 찾아다니는 사람은 자신의 자유를 바칠 각오를 다지며 모종의 신을 찾아다니는 것과 다름없다. 인간의 존재 목적이 담긴 설계도를 찾아

나서는 성찰하는 인간은 현실에서 자잘한 것들에 목을 매며 복닥복닥 살아가는 이들에게 인간성의 상실을 말하지만, 오히려 인간성을 상실한 존재는 바로 그들 자신이다. 그들은 자신에게 주어진 자유를 버거워하며 기꺼이 짊어지지 못하고 다른 것에 의존하려 하기 때문이다.

삶의 목적을 묻는 철학적 인간은 정신적으로 고양된 인간일지도 모르지만 동시에 자신에게 온전하게 주어진 자유를 겁내는 나약한 인간이기도 하다. 마찬가지로 삶의 궁극적 목적을 고민하지 않는 오늘날 현대인의 모습은 위태롭고 혼란스러워 보이지만 동시에 용감하고 유쾌하다. 어디로 가야 할지 명확히 알고 있는 이에게는 불안감도 막막함도 없지만 그는 어떤 선택도 할 수 없다. 반대로 어디로 향해야 할지 모르는 사람은 목적지를 모르기 때문에 어디로든 갈 수 있다. 삶이 혼란스럽고 위태롭게 느껴질 때 우리는 자신의 정체성을 대신 정의해 줄 것을 찾아다니게 된다. 종교적 교리와 정치적 담론 그리고 철학적 자아와 같은 관념적 가치에 의지하는 일은 나에게 안정감과 소속감을 줄 수도 있다. 하지만 이것은 인간이 오랜 역사에서 쟁취해 낸, 자신만의 가치를 추구하는 자유를 포기하는 일이다.

삶이 위태롭게 느껴진다면 주어진 자유를 용감하게 감당하고 있기 때문일지도 모른다. 그러니 삶의 목적을 찾지 못한 혹은 궁금해하지도 않는 이를 하루빨리 인문학적 치료를 받아야 하는, 인간성을 상실한 환자로 규정하지 말라. 불변하는 인간성이 정해져 있다고 믿지 않는다면 상실할 것도 없다.

2장

상식에
도전하는
불량한 인문학

철학이 만든 질병,
'진정한 나' 좀 내버려 두세요

- Target 1 : 진정한 나 -

플라톤의 이데아론에 따르면 현실 너머에 이데아라는 '진짜'가 있고, 현실에 있는 모든 것은 그 이데아를 모방한 그림자일 뿐이다. 인간은 현실이라는 동굴을 탈출해야만 세계의 참모습을 볼 수 있지만 모두가 빛에 비친 그림자를 보느라 동굴을 탈출하지 못한다.

지금도 이 이론을 믿는 사람이 있을까? 우리가 현실에서 마주치는 모든 대상이 그림자일 뿐이라고 생각하며 살아가는 사람 말이다. 대다수의 현대인이 현실과 이데아를 구분하며 살지는 않을 것이다. 현실과 이데아를 이분법적으로 나누는 사고는 근대 이후에 학문적으로도, 실생활에서도 유행이 지난 생각이 되었다. 그런데 아직까지도 우리가 포기하지 못하는 하나의 이데아가 있다. 바로 '진정한 나'에 대한 이데아이다. 일상에서도 "진짜 나의 모습을 알아야 한다", "현실에 빠져 살다가 진정한 나를 잃어버린다", "주체적으로 삶을 살아야 한다"라는 말을 심심치 않게 들을 수 있다. 휩쓸리듯 살아가다 듣게 되는 이러한 충고에 우리는 현실에서 고단하게 살아가는 나 이외에 이데아의 세계에 존재하는 또 다른 '진정한 나'를 찾아 방황한다.

⬤ '신을 믿습니다'와 '나를 믿습니다'는 결국 같은 말이다

사람들이 북적이는 모임에서 살아남기 위해 억지로 환한 표정을 지을 때, 회사에서 자동응답기가 되어가는 내 모습을 발견할 때, 아버지, 어머니, 아내, 남편, 딸, 아들 등 가족 구성원으로서의 역할을 강요받을 때, 갑질하는 손님에게도 친절함을 잃지 않는 직원이 되어야 할 때, 성 고정관념에 따른 사회적 규칙을 지키라고 강요 받을 때, 대학-취업-결혼-출산이라는 이른바 보통의 삶을 따라가려 고군분투할 때. 이렇듯 외부의 기준에 맞춰 살아가야만

하는 현실을 마주할 때, 우리는 현실의 나는 '진정한 나'가 아니라고 말하며 고통받는 나를 부정하고 이데아 속의 진정한 나를 갈망한다. 그러면서 저기 멀찍이 어딘가에 흐릿하게라도 '진정한 나'가 따로 있을 거라 말하고, 그를 찾아야 한다고 다짐한다. 내가 나를 찾고 싶다니! 일상에서 흔히 들을 수 있는 말이지만, 곰곰이 생각해 보면 이보다 모순적인 말은 없다.

하늘에서 인간을 내려다보며 세계를 관장하고 참된 진리를 담지하고 있는 신과 신의 피조물로 진리를 망각한 채 살아가는 나약한 인간의 구도는 익숙한 세계관이다. 그렇기에 플라톤이 말한 이데아의 세계가 신과 진리 같은 개념과 연결된다는 것은 받아들이기에 어렵지 않다. 그러나 '진정한 나' 역시도 신과 진리와 같은 개념과 동일 선상에서 출발했다는 것을 받아들이기는 쉽지 않다. 신과 진리는 일상적으로 경험하기 어렵지만, '진정한 나'는 내 머릿속 어딘가에서 매일 나와 함께 살아가고 있는 것처럼 느껴지기 때문이다. 우리는 현실의 삶이 고단하면 고단할수록, 언젠가 여건이 갖춰지고 내가 온 힘을 다해 노력한다면 이상적인 본래의 내 모습을 찾을 수 있다는 믿음을 가지고 살아간다. 하지만 '진정한 나' 역시 신처럼 어떤 방법으로도 증명될 수 없고, 오로지 나의 정신적 체험으로만 느낄 수 있다. 신의 존재를 신을 믿지 않는 이에게 증명하기 어려운 것처럼, 진정한 내가 따로 존재한다는 것 또한 다른 사람에게 증명하기 힘들다. "나는 진정한 내가 어떤 사람인지 알고 있어, 이건 나의 본모습이 아니야!"라고 말한 들, 다른 사람들이 보기에 나는 언제나 하나의 인격체일 뿐이다.

나만 알 수 있는, 나의 머릿속 어딘가에 존재하는 '이상화된 본래의 나'는 나에게 고난이 닥쳤을 때 초월적인 힘을 북돋아 주는 대상이 된다. 마치 신을 믿는 사람들이 시련에 부딪힐 때 신에게 기도하듯, '진정한 나'를 믿는 사람들도 어려운 상황에 처하면 자신에게 구원을 요청한다. 그들은 "아멘" 대신 "나는 할 수 있다"를 사용한다. '신'과 '진정한 나'라는 두 가지 개념은 바꿔 사용한다 해도 문제가 없을 만큼 비슷한 개념 체계를 가지고 있다. 그런데 자신을 믿으며 살아가는 사람들은 이따금 신을 믿는 사람들에게 이런 비판을 가한다. "증명할 수도 없는 신을 왜 믿습니까?" 그들은 종교에 빠져 있는 사람들에게 종종 날 선 비판을 가한다. 하지만 "나는 신 대신 나 자신을 믿습니다"라고 말하는 사람도 사실 종교인이 신을 믿는 것과 같은 방식으로 사고하는 것과 다름없다. 신을 믿는 것과 나 자신을 믿는 것은 결국 같은 뿌리에서 출발했다. 나 자신을 믿을 때, 그 믿음의 대상이 되는 '나' 역시 현실 속에서 벗어나 이데아의 세계에서만 존재할 수 있다.

중세 시대까지 인간의 이성이 신을 향했다면 근대부터는 '나'에게로 방향을 틀었다. 결국 "나는 신을 믿지 않고 나 자신을 믿습니다"라고 말하는 것은 사실상 동어반복이나 다름없는 것이다. 그렇기에 플라톤의 이데아론을 믿지 않으면서, 신을 믿지 않으면서 현실에서 벗어나 있는 진정한 내가 존재한다고 말할 수는 없다. '진정한 나'라는 개념은 '신'과 '진리', '이데아'와 공존해야만 그 의미를 유지할 수 있다. 신과 불변의 진리를 믿지 않는다면, 당신이 허구의 삶을 살고 있다고 생각하지 않는다면 이데아의 세계 속에서만 존재하는 '진정한 나'는 이제 그만 놓아주어야 한다.

철학이 만든 질병

철학이 현대인에게 끼친 가장 큰 해악을 고르라면, 진정한 나를 찾기 위해 혼자만의 동굴로 들어가는 모습을 지나치게 로맨틱하게 그렸다는 점을 꼽고 싶다. 철학은, 그리고 인문학은 바쁜 현실을 살다가 집으로 돌아와서 진정한 나를 찾아 고독한 여행을 떠나는 사람을 멋진 인간으로 묘사한다. 기도에 열중하는 종교인처럼 자기 자신에 대해 고민하는 인간은 현실에서 찾을 수 없는 나를 그리며 고뇌에 빠진다. 하지만 정작 아무런 변화도 만들지 못한 채 반복되는 "진정한 나는 누구인가?"라는 고민은 불행한 일상을 그대로 이어가게 만드는 연료로 이용된다. 진정한 나는 따로 존재한다는 믿음만으로도 현실의 불행한 삶을 견뎌낼 수 있기 때문이다. 만약 우리가 고민을 통해 '진정한 나'를 찾을 수 있다면, 아직 우리는 중세 시대에 사는 것과 다름없다. 어디에도 없는 '진정한 나의 이데아'를 찾아 떠나는 여행에 빠져드는 습관, 이는 철학이 만든 질병이 분명하다.

철학에 새로운 이론을 남기겠다는 큰 뜻을 품고 있는 게 아니라면 진정한 나를 찾기 위해 굳이 철학책을 들여다보며 공부할 필요는 없다. 그것은 오히려 철학이 만든 질병을 더욱 악화시키는 방법일지도 모른다. 진정한 나를 찾아다니는 여행은 철저히 현실에 발을 붙이고, 나의 행복을 높이는 방향으로 한 걸음 한 걸음 나아가야 한다.

진정한 자신의 모습은 현실에서 고군분투하고 있는 나에게서 발견해야 한다. 내가 어떤 사람인지 알기 위해서는 자신을 새로운 환경에 던져봐야 한다. 이는 꼭 퇴사를 하거나 삶을 송두리째 뒤흔드는 대단한 사건을 필요로 하는 일이 아니다. 적성이라고 생각했던 일을 실제로 해보니 성향에 맞지 않을 수도 있고, 평생 관심 없던 일이 인생의 큰 즐거움이 될 수도 있다. 자신이 무엇을 좋아하고 싫어하는지 안다는 것 그 자체로 우리는 진정한 나의 모습에 충분히 가까워질 수 있다. 누군가를 사랑한다는 건 그 사람이 무엇을 좋아하는지, 무엇을 싫어하는지를 알아간다는 것이다. 나를 사랑하는 방법도 이와 다르지 않다. '진정한 나'를 찾아 자신을 더 사랑하고 싶다면, 지금 당장 자리에서 일어나 이때까지 해보고 싶었지만 시도하지 못했던 일을 하나라도 해보는 건 어떨까? 이 미약한 시도만으로도 당신은 이제껏 알지 못했던 자신의 모습을 발견할 수 있을 것이다.

진정한 나의 모습이 언제 어디서나 똑같은, 단 하나의 모습이라고 단정 지을 필요는 없다. 처한 상황에 따라서 얼마든지 다른 정체성을 가져도 괜찮다고 생각한다면 생각보다 쉽게 나다움이라는 문제에 마침표를 찍을 수 있다. 친구들과 만날 때는 시끌벅적하게 놀 줄 아는 사람이지만 회사에서는 조용히 업무에만 집중하는 사람일 수 있고, 집에서는 손이 많이 가는 자식이지만 연인에겐 든든한 버팀목이 되어주는 사람일 수 있다. '진정한 나'라는 것은 언제 어디서나 변하지 않는 하나의 모습이 아니라, 여러 상황에서 보이는 나의 다양한 모습들의 집합체일 것이다. 일관된 모습의 나다움을 지켜야 한다는 강박에서 벗어나 처한 상황에 맞춰 자연스럽게 내보이는 다양한 그 모습 자체가 나다운 모습이지 않을까. 만약 그렇다면 어떤 상황에 처했을 때 어떻게 힘들어할지 또는 즐거워할지를 잘 예측해서 자신을 행복하게 만들 수 있는 사람이 가장 나답게 살아가는 사람일 것이다.

진정한 나를 찾기 위해 혼자만의 동굴로 들어가는 게 아니라 반대로 세상에 나와 여러 상황에 나를 던져봐야만 진정한 나다움에 대해 알 수 있다. 진정한 나를 찾을 수 없는 결정적인 원인은 역설적이게도 관념의 세계 속에 변치 않는 나의 모습이 정해져 있다는 그 강박일지도 모른다. 나 자신을 탐구하기 위해 심오한 철학 세계로 여행을 떠나지 마라. 그 여행을 멈출 때, 우리는 '진정한 나'와 한 걸음 더 가까워질 수 있다.

알맹이는 가고
껍데기여 오라

- Target 2 : 현실과 가상 -

여행지의 절경을 향해 스마트폰을 들고 일렬로 서서 촬영 버튼을 터치하는 사람들. 여러 번의 시도로 만족스러운 결과물을 얻은 순간 사람들은 휙 하고 돌아선다. 업로드할 만한 멋진 사진을 찍어 이곳에서의 과제를 끝냈다면 이제 다음 장소에서 남은 과제를 완수하기 위해 걸음을 옮겨야 한다. 기록할 필요가 없는 풍경들은 마치 존재하지도 않는 것처럼 사라진다. 사진으로 남기지 않은 장소와 풍경은 얼마 뒤 휘발되어 사라져버린다. 소셜 네트워크 서비스Social Network Service, SNS 시대의 인간은 머리가 아니라 사진첩으로 추억을 간직하기 때문이다. 사물이 인간의 눈이 아니라 카메라 렌즈에 담기게 되면서 미적 대상을 온전히 감상하는 시대는 끝이 났다. 눈길을 끄는 모든 대상은 사진으로 찍혀 공유되기 위해 존재한다. 여행은 전리품을 챙겨 오듯 고대하던 장소를 찍어 데이터로 남겨두는 데 초점이 맞춰진다. 시나브로 SNS 시대 속 현대인은 관조하는 법을 잃어버렸다.

　SNS 시대를 분석하는 관점 중에는 현실이 '진짜 세계', 인터넷 세계는 '가짜 세계'라고 보는 이분법적 관점이 지배적이다. SNS의 과도한 이용을 경계하는 사람들은 현실과 가상을 구분해야 한다고 역설한다. 그들은 인간이라면 모름지기 현실에서 호흡하고 감상하고 행복을 느껴야 한다고 말한다. 절경은 렌즈가 아니라 눈에 담겨야 하며, 사진으로 기록하지 않았을지라도 그 자체로 어떤 감상을 주었다면 그것으로 만족해야 한다고 말이다. 현실과 가상의 이분법에 따르면 눈앞의 대상을 관조하지 못하고 사진을 찍어서 SNS에 올리는 일에만 집착하는 사람은 가짜 행복에 몰두하는 사람이다. SNS 시대의 문제점을 지적하는 사람들은 현실세계를 가상세계로 퍼 나르는 데에만 몰두하는 인간의 개체 수 증식을 경계한다.

　그러나 이러한 우려에도 불구하고 SNS는 이제 현대인에게 떼려야 뗄 수 없는 것이 되었다. 페이스북, 트위터, 인스타그램, 블로그, 카카오스토리, 유튜브, 클럽하우스 등 수많은 SNS 플랫폼이 일상에 파고들었다. 앞으로도 주도권을 잡은 플랫폼은 변할지언정 SNS의 시대는 지속될 것이다. 그때에도 가상세계에서 느끼는 행복은 가짜 행복일까? 만약 인터넷 세계에서 느끼는 행복이 가짜 행복이라면 인터넷을 기반으로 하는 정보화사회는 허수아비 같은 인간을 양산하는 불행한 사회가 될 것이다. 그렇기에 우리는 현실과 가상을 둘로 가르는 이분법적 관점에 대해 유효성 평가를 해볼 필요가 있다. 현실 행복과 가상 행복의 질적 차이를 논하는 관점에 어떤 결함이 있는지 제러미 벤담과 존 스튜어트 밀의 공리주의 비교를 통해 살펴보자.

만족스러운 디지털보다
불만족스러운 아날로그가 낫다?

현실에서 얻는 행복을 진정한 행복으로, 가상세계에서 얻는 행복을 가짜 행복으로 구분하는 관점은 밀의 주장과 궤를 같이한다. 밀은 "만족해하는 돼지보다 불만족스러워하는 인간이 되는 것이 더 낫다. 만족해하는 바보보다 불만을 느끼는 소크라테스가 더 나은 것이다"[1]라고 말하며 쾌락에도 질적 차이가 있다고 주장했다. 여기서 밀이 말하는 쾌락은 단순히 육체적 쾌락뿐만 아니라 정신작용을 통해 느끼는 쾌락도 포함한다. 그는 능숙한 판단자는 스스로 가지고 있는 분별력을 통해 쾌락의 질적 수준을 판단할 수 있다고 말했다. 즉 인간은 돼지와 같은 동물과 다르게 분별력이 있기 때문에 돼지가 만족할 만한 정도의 쾌락으로는 만족할 수 없다고 본 것이다. 밀은 판단력을 가진 인간이라면 배를 채우는 일 같은 동물적인 쾌락보다 정신적 능력을 개발하는 일에서 느끼는 고급 쾌락을 더 선호할 것이라고 보았다. 그는 효용의 총량만을 따졌던 벤담과 달리 쾌락의 질을 함께 따지기 시작하면서 공리주의에 가해졌던 "쾌락의 총량만 따지는 공리주의는 저급한 사회를 만들어낸다"라는 공격에 돌파구를 마련하고자 했다.

그런데 쾌락의 질에 관한 밀의 논의는 가장 단순한 질문에 부딪친다. 바로 "인간이 정신적 쾌락을 더 선호할지 어떻게 아는가?"라는 질문이다. 밀은 정신적 가치가 상위의 가치라고 믿었다. 그러한 믿음이 자연스럽게 받아들여졌던 건 그가 살았던 시대가 인간의 정신작용에 가중치를 부여한 시대였기 때문이다. 하지만 지금처럼 "문송합니다(문과라 죄송합니다)"라는 말이 빈번하게 쓰이는 시대에 밀이 제시한 쾌락의 질적 판단 기준은 잘 들어맞지 않는다. 현대사회에서 인간의 능력은 교환가치가 있어 실질적인 결과물을 도출할 수 있는가로 평가된다. 이 시대에서는 배를 곯는 소크라테스보다 자신의 배라도 넉넉히 채울 수 있는 바보가 더 높게 평가받는 것이다. 인간을 '이성을 통해 진리를 탐구하는 존재'라고 규정할 때 인간 정신의 우월성을 말하는 밀의 질적 공리주의는 성립할 수 있다. 하지만 밀이 살았던 시대에도 인간에 관한 이러한 정의는 흔들리고 있었다. 그가 주장한 고급 쾌락과 저급 쾌락은 인간을 어떤 존재로 규정하느냐에 따라 달라진다. 역사적으로 인간은 다양한 존재로 해석되고 규정되어 왔기 때문에 밀의 질적 공리주의는 시간과 공간을 뛰어넘어 오늘날에 그대로 적용될 수 없다.

　　고급 쾌락과 저급 쾌락을 구별하는 문제는 현실의 행복과 가상의 행복을 구별하는 데도 똑같이 발생한다. 현실에서 피부로 느끼는 행복과 인터넷 가상세계에서 디스플레이를 통해 느끼는 행복에 어떤 수준 차이가 있는지 확실한 기준을 가지고 구분하기 어렵다. 직관적으로는 인간은 현실에서 살아가야 한다는 말이 합당하게 들릴 수 있으나 그것은 이제껏 인류가 살아온 방식이 그러했기 때문일 뿐이다. 인터넷의 보급과 함께 인간은 새로운 존재로 거듭나고 있다. 가상세계의 행복은 가짜 행복이라기보다 이제껏 인간이 경험해 보지 못한 다른 종류의 행복이다. 들판에 핀 꽃을 보고 냄새를 맡고 만지며 느끼는 행복과, 그것을 사진으로 찍어 SNS에 공유하며 느끼는 행복은 결이 다르다. 두 가지 행복을 진짜와 가짜로 나누기는 어려우며 현실을 가상으로 옮김으로써 느끼는 행복을 '가짜 행복'이라 단정 짓기도 적절하지 않다. 인터넷 세계에서 느끼는 행복을 가짜 행복이라고 말하는 것은 가상의 세계를 현실세계의 부산물쯤으로 볼 때만 가능하다. 가상의 세계가 점점 더 확장되어 현실세계를 압도하기 시작하면 가상세계에 대한 존재적 물음은 무게를 잃어갈 것이다. 가상세계에 몰두하는 인간을 비판적으로 바라보는 관점은 앞으로 시대착오적인 생각이 될 가능성이 크다.

이상으로 현실에서의 행복과 가상에서의 행복 사이에 우열 혹은 참과 거짓을 논하는 것이 의미 있는 결론에 다다르기 어렵다는 점을 알아보았다. 하지만 이 사실보다 더 중요한 문제가 있다. 그것은 가상세계의 확장으로 인해 현실세계와 가상세계를 구분하는 것이 점점 더 어려워지고 있다는 점이다. 인터넷 문화가 본격적으로 퍼지기 전 인터넷은 게임을 즐기는 젊은 사람들의 공간이었다. 가상세계에 빠져드는 사람에 대한 우려 섞인 시선은 대부분 게임 캐릭터를 마치 자신의 분신처럼 여기는 사람들에게로 향했다. 인터넷 보급 초기에 가상세계로의 접속은 컴퓨터 앞에 앉아서 게임에 접속해 캐릭터를 조종하는 그 순간을 기준으로 했다. 하지만 이제 그 기준점이 점점 더 모호해지고 있다.

우리가 인터넷에 접속하지 않고 온전히 현실에서 활동하는 시간은 얼마나 될까? 꼭 게임에 접속해야만 가상의 세계에 접속하는 것이 아니다. 우리는 현실에서 대부분의 시간을 보낸다고 생각하지만, 몸은 일상에 두고 인터넷 세상을 유람하는 시간이 점점 더 늘어나고 있다. 예를 들면 이런 것이다. 직접 마트에 가서 장을 보는 대신 인터넷을 통해 클릭 몇 번으로 상품의 정보를 파악하고 다른 사람들의 후기로 간접경험을 한 뒤 구매를 결정한다. 입에 음식을 넣는 대신 눈에 영상을 입력하는 것으로 대리만족을 느낀다. 온라인에서의 채팅, 음성, 영상을 통한 커뮤니케이션으로 현실에서의 만남을 대체한다. 개인의 재산 역시 디지털 세계 속에 숫자로 존재하며 거래 또한 몇 번의 터치로 가상세계에서 시작해서 가상세계에서 끝이 난다.

데스크톱, 노트북, 스마트폰, 태블릿 PC, 스마트워치, 나아가 인터넷 접속 기능이 탑재된 사물인터넷의 활용을 고려한다면 현대인은 잠을 자는 시간을 제외한 거의 모든 순간 인터넷 세상과 연결되어 있다. 오늘날 개인의 일상은 인터넷 속의 가상세계를 빼놓고 말하기 힘들다. SNS에 업로드하기 위해서 멋진 장소에 간다는 말에서 'SNS'와 '멋진 장소' 중 과연 어디가 가상의 세계일까? 과거에 답이 확실했던 이 질문에 답하기가 망설여질 만큼 가상의 세계는 점점 확장되어 현실의 삶에 깊숙이 침투하고 있다. 이런 점에서 현실세계와 가상세계의 선을 긋는 것 자체가 쉽지 않으며 현실과 가상의 이분법으로는 오늘날 개인의 삶을 정확하게 포착해 낼 수 없다.

새롭게 보는 SNS의 장단점

참의 현실과 거짓의 가상을 나누는 이분법에 벗어나면 SNS 시대의 새로운 현상을 관측할 수 있다. '최대 다수의 최대 행복'을 추구하는 공리주의자들은 "SNS에서 유토피아를 보았다!"라고 외칠지도 모른다. SNS는 공리주의의 이상이 실현되는 곳이다. SNS에는 전 세계 몇십억 명의 사용자가 엄선한 일상에서 가장 행복하고 특별한 순간이 담겨 있다. 이곳에 불행과 절망은 없다. 경외감을 주는 자연 풍경, 예술의 경지에 오른 인테리어와 음식, 그리고 행복한 사람들의 아름다운 모습이 SNS를 가득 채운다. SNS를 이용하는 일엔 돈이 들지 않으며 누군가가 희생하지 않아도 이 세계는 원만하게 작동된다. 현실에서는 자신이 가진 것을 나누면 손해를 볼 수도 있지만 SNS에서 나눔은 곧 최고의 행복이다. 게시물을 올리는 사람도, 그것을 보는 사람도 행복한 이곳. SNS는 공리주의의 이상이 실현된 유토피아이다.

　하지만 행복한 모습만이 가득하다는 특성 때문에 꾸준히 제기되는 문제가 있다. 그것은 과시적인 SNS 문화가 이용자들에게 상대적 박탈감을 줄 수 있다는 점이다. 싸이월드, 페이스북, 인스타그램 등 이제껏 존재했던 거의 모든 SNS 플랫폼에 상대적 박탈감은 꼬리표처럼 따라오는 문제였다. 정말 SNS는 이용자들이 행복한 모습만을 편집하게 만들어 서로에게 상대적 박탈감을 유발했을까? 물론 SNS를 통해 그동안은 알 수 없었던 타인의 일상을 자세히 들여다볼 기회가 늘어났기 때문에 SNS가 상대적 박탈감 확산에 일정 부분 책임이 있다는 지적을 피하기는 어렵다. 실제 SNS 이용이 삶의 만족도에 미치는 영향에 관한 연구에서도 SNS를 많이 이용할수록 우월한 타인과의 비교를 더 많이 경험하고 그를 통해 상대적 박탈감을 더 많이 느끼는 것으로 나타났다.[2]

그러나 상대적 박탈감은 SNS를 사용하는 모든 사람이 공통적으로 경험하는 감정은 아니다. 이는 사용자의 태도와 더 깊은 관련이 있다. 실제로 SNS의 이용 기간은 SNS 피로감과 중단 의향에 유의미한 영향을 주지 않았다.[3] 핵심은 SNS를 '얼마나 오래' 이용해 왔느냐가 아니라 '어떻게' 이용하고 있느냐에 달린 것이다. 더불어 객관적으로 가구 소득이 높은 사람들은 SNS를 이용할 때, 타인과의 상향 비교 자체를 덜 하고 상대적 박탈감도 적게 느꼈다.[4] SNS와 상대적 박탈감에 관한 연구들의 결론을 종합 해보면 SNS의 보편화로 상대적 박탈감을 느낄 확률이 더 높아진 것은 사실이지만 상대적 박탈감의 직접적인 원인은 사용자의 태도와 그가 처한 상황이다.

일상에서 마주치는 많은 것들은 너무 쉽게 나의 삶을 초라하게 만들 수 있다. 상대적 박탈감이 문제라면 거리에 지나다니는 스포츠카나 도시의 고급 아파트 역시 문제적 대상이 될 것이다. 그러나 누구도 상대적 박탈감을 고려해 과시적인 소비를 지양해야 한다고 말하지 않는다. 누군가는 웅장한 아파트에서 여유롭게 살아가는 사람들을 보며 성공을 다짐하기도 하고, 누군가는 출근길에 매일 비싼 커피를 사 오는 사람을 보고도 상대적 박탈감을 느낄 수 있다. 이처럼 상대적 박탈감은 주변 요소의 문제라기보다 그 감정을 느끼는 사람이 처한 맥락과 상황에 더 큰 영향을 받는다.

그렇다면 왜 SNS가 유독 상대적 박탈감의 주범으로 지목되는 것일까? SNS에 '굳이 들어갈 필요 없는' 허상의 세계라는 비판적 관점이 녹아 있기 때문이다. 그러나 앞선 논의에서 살펴보았듯이 현실세계와 가상세계의 우위를 나누는 것은 불가능하고 현실과 가상의 뒤섞임이 점점 가속화된다는 점을 고려했을 때 SNS를 이용하며 느끼는 상대적 박탈감의 문제는 과장된 측면이 있다.

허상의 세계에 빠져 살면 안 된다고요?

상대적 박탈감의 문제를 제외하면 SNS는 무결점의 플랫폼으로 이미지를 탈바꿈할 수 있을까? 오늘날 SNS는 단순히 개인의 일상을 공유하는 것에 그치지 않는다. SNS는 새로운 방식으로 돈을 버는 기회의 장으로 탈바꿈하고 있다. 현재 SNS상에서는 '만인에 대한 만인의 마케팅'이 벌어지고 있다. 사람이 모이는 곳에는 항상 돈이 몰린다. 부업으로 돈을 벌고자 하는 사람들은 필수적으로 SNS를 활용하고 있다. 흔히 알려진 SNS 마케팅은 소정의 돈을 받고 제품의 사용 후기나 가게의 방문 후기 등을 써서 돈을 버는 방식이었다. 이러한 바이럴 마케팅은 팔로워 수에 따라 차등적으로 보수가 지급되기 때문에 주로 팔로워가 많은 인플루언서와 전문가에게 기회가 집중됐다. 그러나 요즘 시대의 SNS 마케팅은 제품이나 서비스를 홍보하는 것에서 벗어나 나 자신을 브랜딩하는 '퍼스널 브랜딩 **Personal Branding**'의 영역으로 나아가고 있다.

지금 우리는 '나'를 팔아서 돈을 벌 수 있는 세상에서 살아간다. 과거에는 검증된 자격을 갖춘 프로들만이 자신의 브랜드 가치를 쌓아 돈을 벌 수 있었다. 하지만 SNS로 개인의 일상 공유가 활발해지면서 검증된 전문가가 아니더라도 자신의 관심사나 재주를 여러 사람과 공유할 수 있는 기회가 마련됐다. SNS의 세계는 공평해서 화려한 경력을 가진 전문가나, 재미로 시작하는 아마추어나 모두 구독자 0명에서 시작한다. SNS는 처음에는 사람과 사람을 이어주는 역할로 출발했지만 지금은 '서비스를 제공할 수 있는 사람'과 '서비스가 필요한 사람'을 이어주는 역할로 거듭나고 있다. 한마디로 우리 모두는 공짜로 24시간 일하는 마케팅 직원을 부여받은 것이다. 디지털 세상의 돈 냄새를 맡은 많은 사람이 상위 노출의 알고리즘을 손에 쥐기 위해 분투하고 있다. 이들의 열정은 포털사이트가 수시로 알고리즘을 바꾸게 할 정도로 대단하다. 광고 업계는 이미 디지털 세상의 지배를 받고 있다. 최근에 불거진 유튜버들의 뒷광고 논란만 보더라도 그 금액이 건당 몇천만 원을 웃돈다. 이는 '만인에 대한 만인의 마케팅 시대'가 우리의 생각보다 빠르게 진행되고 있다는 것을 보여준다. 이제는 "5000만 원을 가지고 있느냐?"보다 "조회수 500만을 달성할 능력이 있느냐?"가 훨씬 더 가치 있는 시대이다. SNS는 단순히 일상을 공유하는 것을 넘어 나 자신을 브랜딩해 사람들을 끌어모아 각종 서비스와 상품을 다양한 방식으로 팔 수 있는 온라인 시장이 되어가고 있다.

눈앞으로 닥쳐온 포스트 코로나 사회는 대면 커뮤니케이션 기반의 현실에서의 삶을 허상의 인터넷 공간으로 '디지털화'하는 것에 초점이 맞춰진 사회이다. 살아남기 위해 코로나19 이후의 삶을 준비해야 한다고 생각하면서도 가상의 세계에 대한 편견을 가지고 있는 사람들이 아직도 많다. 여행을 떠나서도 SNS에서 벗어나지 못하는 사람들을 보며 '인간성의 위기'를 말하는 시선도 여전히 존재한다. 하지만 SNS 시대에서는 고급 호텔 수영장을 SNS에 올리기 위해 노력하는 '열정적인 디지털 인간'이 현실에서 성실하게 일하는 사람보다 더 많은 돈을 벌 수 있다. 정보화사회에서의 핵심적인 역량은 '현실에 존재하는 재화들을 어떻게 디지털화할 수 있느냐'이기 때문이다.

현실에 충실한 삶을 사는 건 이제껏 모든 사람이 해왔던 일이기에 어렵지 않다. 하지만 오프라인의 삶을 온라인화하는 일은 모두가 할 수 있는 일이 아니다. 결국 인터넷 세계에 대한 편견을 내려놓지 못한다면 미래의 생존 확률은 낮아질 수밖에 없다. 포스트 코로나 시대를 준비하는 사람이라면 현실에서 적당히 디지털 기술을 이용하려는 생각 정도로는 부족하다. 정보 통신 기술이 개막하고, 코로나19가 앞당긴 언택트 시대. 허상에 빠져야 살아남을 수 있다.

겸손은 왜 미덕일까?

- Target 3 : 겸손 -

새벽에 일어나 자기계발에 힘쓰는 '미라클 모닝'을 실천하는 사람들이 늘어나고 있다. 자기계발에 대한 열정이 퇴근 후 저녁 시간뿐만 아니라 고요한 이른 아침까지 후끈하게 만들고 있다. 부동산, 주식, 코인을 포함한 투자 공부, 스마트스토어나 SNS 마케팅 등의 부업으로 소득을 높이는 N잡 갖기, 직업인으로서 경쟁력을 갖추기 위한 각종 스터디 참가 등 시간을 알뜰하게 쓰려는 사람들의 열망이 새로운 트렌드를 이끌어가고 있다. 본격적으로 사회에 뛰어든 2030세대뿐만 아니라 은퇴 후 새로운 삶을 계획하는 4050세대와 초라한 황혼을 맞지 않으려는 60세 이후 노년층까지 나이를 불문하고 바쁜 하루를 보내고 있다. 모든 인간은 평등하다는 토대 위에 세워진 민주주의 사회 속에서 사람들은 남들과 똑같은 대우를 받지 않으려 바쁘디바쁘게 살아가고 있다.

지금의 한국 사회는 열정적인 자기계발에 박수를 보내며 개인의 성취에 따라 보상이 주어지는 것이 정당한 것으로 받아들여지는 분위기이다. 우월한 지위를 누리며 윤택한 삶을 살고자 하는 사람은 밝은 미래를 위해 지금 당장의 행복을 유보한다. 하고 싶은 일보다는 해야 할 일에 집중하며 잠을 자는 시간을 줄이고, 시간을 낭비하지 않기 위해 애쓴다. "나를 죽이지 못한 모든 시련은 나를 한층 더 강하게 만든다"라는 니체의 말은 특별한 삶을 살고 싶은 격차에서 비롯된 열정을 가진 이들의 마음을 대변한다.

치열한 경쟁을 뚫고 합격하는 일, 사업과 투자로 큰돈을 버는 일, 직장에서 뛰어난 성과를 내며 탄탄대로를 달리는 일에는 한계를 뛰어넘는 노력과 그에 따른 고통이 수반된다는 사실을 우리 모두 알고 있다. 이뿐만 아니라 우여곡절 끝에 목표 달성에 성공한 이들이 일상의 편안함에 안주했던 사람보다 더 뛰어난 능력을 갖게 된다는 것도 알고 있다. 우리는 인간이 권리의 차원에서 모두 평등하다는 것에 동의하지만 현실세계에서 모든 인간이 동등하게 대우받을 수 없다는 사실도 인정한다. 현실에 존재하는 그 은근한 불평등이 바로 다른 사람과의 격차를 벌리기 위한 열정의 원동력이 되기 때문이다.

그런데 아이러니하게도 남들과 똑같은 삶을 살지 않기 위해 하루하루 치열하게 살아가는 사람들이 모인 이 사회에서 자신을 낮추는 겸손은 여전히 미덕으로 통한다. 성취를 뽐내지 않고 적당히 숨기는 태도는 사려 깊은 인간이라면 응당 갖춰야 하는 소양으로 취급된다. 자신의 성취를 마음껏 뽐내며 더욱더 높은 성취를 위해 주변을 살피지 않고 전력투구하는 사람들은 눈총의 대상이 된다. 다른 사람과 격차를 벌리는 데 성공한 사람은 혹여나 다른 사람들에게 박탈감을 주지는 않을까 눈치를 보며 전전긍긍해야 한다. 타인과 격차를 벌리기 위해 쉴 새 없이 노력하는 사람들이 모여 살지만 자신의 성취를 감추고 타인의 실패를 위로하는 것이 기본적인 도리가 된 이 시대에 현대인은 서로 모순되는 가치를 품고 살아간다.

어떻게 겸손은 격차의 열정으로 작동하는 현대사회에서 미덕이 되었을까? 언제부터 도덕성이 인간의 기본 소양으로 자리 잡힌 것일까? 이러한 질문에 인상 깊은 대답을 내놓은 철학자가 있었다. 독일의 철학자 니체는 『도덕의 계보』에서 도덕의 변천사를 분석했다. 그는 현대의 상식이 된 도덕의 역사를 낱낱이 밝혀나간다. 그에게 겸손은 '노예의 도덕'을 믿는 약자가 강자를 밀어내기 위해 고안한 기만전술이고, 민주주의는 모든 인간을 평준화하고 왜소하게 만드는 사상이었다.

우리가 믿는 도덕은
노예의 도덕이었다

누군가가 어떤 사람을 '좋은 사람'이라고 평가한다면 그 사람은 도덕적으로 올바른 사람을 뜻하고, '나쁜 사람'이라고 말하면 도덕적이지 않은 사람을 뜻한다. 현대에서 좋고 나쁨은 도덕적인 의미로 사용되고 있다. 그런데 니체에 의하면 처음부터 좋음과 나쁨이라는 단어에 도덕적인 의미가 있었던 것은 아니다. 원래는 기능의 '좋고 나쁨'을 뜻하는 의미였다고 한다. 그러니까 좋고 나쁨은 '좋은 칼=예리한 칼', '나쁜 칼=무딘 칼'과 같은, 성능에 초점을 둔 의미를 지니었던 것이다. 다만 계급사회에서는 학문이든 무술이든 귀족이 아니면 잘할 수 없었기에 기능이 훌륭하다는 의미의 좋음은 귀족을 뜻하게 되었고, 그 반대로 나쁨은 주인에게만 복종하며 아무것도 잘하는 것이 없는 노예를 뜻하게 되었다.

결국 좋음은 '귀족적인', '기능을 잘하는'의 의미로 사용되었고, 나쁨은 '노예의', '기능을 못하는'이라는 의미로 사용되었다. 계급사회에서 '좋음'은 용맹한 귀족 기사를, '나쁨'은 아무 역할도 하지 못하는 노예를 연상시키는 단어였다. 민주주의가 등장하기 전까지 전쟁의 승리를 가져올 수 있는 용맹한 귀족 기사는 능력을 갖춘 좋은 사람, 노예는 허드렛일을 하면서 근근이 살아가는 쓸모없는 나쁜 사람이었던 것이다. 여기에 도덕성은 빠져 있었다.

니체는 무력한 자로서 사제 민족인 유대인을 상정하고, 유대인과 더불어 '도덕에서의 노예 반란'이 시작됨을 목격한다. "유대인이야말로 두려움을 일으키는 정연한 논리로 귀족적 가치 등식(좋은=고귀한=강력한=아름다운=행복한=신의 사랑을 받는)을 감행했으며, 가장 깊은 증오(무력함의 증오)의 이빨을 갈며 이를 고집했던 것이다."[5]

그들이 내세운 구호는 "비참한 사람만이 오직 좋은 사람이다!"였다. 이는 귀족들을 강하고 실력을 갖춘 좋은 사람이 아니라, 약한 사람들을 괴롭히는 나쁜 사람들로 만들었다. 그리고 노예로 살아가던 사람들을 쓸모없는 사람들이 아니라, 귀족들의 온갖 핍박을 견뎌내고 인내하는 좋은 사람으로 만들었다. 사자가 토끼를 잡아먹는 것이 당연하듯 귀족이 노예를 부리는 것이 당연했던 시대에 성직자 민족인 유대인이 강함과 약함에 도덕적인 잣대를 들이민 것이다. 그들은 좋고 나쁨의 기준을 '성능'에서 '도덕성'으로 갈아치웠다. 이로써 귀족들에게 핍박받으며 살아가던 이들은 귀족보다 도덕적으로 더 나은 존재로 거듭나면서 거꾸로 좋은 사람의 자리를 차지했다.

• •

우리는 악한 인간과 다른 존재가 되도록 하자, 즉 선한 존재가 되게 하자! 그리고 선한 인간이란 능욕하지 않는 자, 그 누구에게도 상처 주지 않는 자, 공격하지 않는 자, 보복하지 않는 자, 복수를 신에게 맡기는 자, 우리처럼 자신을 숨긴 채 사는 자, 모든 악을 피하고 대체로 인생에서 요구하는 것이 적은 자, 즉 우리처럼 인내하는 자, 겸손한 자, 공정한 자이다.[6]

노예들은 힘이 없어서 귀족들에게 지배당했던 것이 아니다. 단지 평등과 사랑, 인내와 겸손의 미덕을 갖춘 존재들이었기 때문에 참아왔던 것뿐이다. 전복된 도덕으로 인해 귀족은 좋은 사람이 아니라 폭력적이고 난폭한 나쁜 사람, 노예들은 인간이 지켜야 할 미덕을 갖춘 좋은 사람이 되었다. 이제 노예들은 귀족들에게 이렇게 말한다. "나는 당신과 싸우지 않을 겁니다. 왜냐하면 나는 평화를 사랑하고 당신의 폭력마저 용서할 수 있는 '착한 사람'이니까요." 힘이 없고 유약했던 노예들은 모든 타인을 사랑하는 고귀한 존재로 거듭났다. 본래는 싸움에서 이길 능력을 갖춘 사람이 좋은 사람이었지만, 노예 반란 이후 싸움을 피하고 평등을 사랑하는 사람이 더 좋은 사람이 된 것이다.

　이러한 민주주의적 질서가 자리 잡은 후부터 자신의 우월함을 내보이는 과시적인 행동은 나쁜 행동이 되었다. 사람들은 모두가 평등해지는 것을 추구하게 되었고, 타인에게 해를 끼치며 우뚝 서려는 행동은 금기시했다. 겸손과 인내는 곧 미덕이 되었고, 타인을 위험에 빠트리는 이상은 더 이상 꿈꾸지 않게 되었다. 무언가 대단한 성취를 이뤄내도 그것을 뽐내선 안 되고 적당히 감추며 겸손한 모습을 보여야 했다.

　이렇게 약자의 도덕이, 노예의 도덕이 세상을 지배하자 타인의 희생이 있을지라도 인간성의 고양을 위해 나아가야 한다고 외치는 강자들은 모두 처형되어 사라졌다. 강자들을 처형한 민중은 약자로 남는 것을 미덕이라고 여기며 점점 더 왜소해지고, 평준화되었으며 무기력해졌다는 것이 니체가 본 민주주의의 실상이었다. 니체는 좋음과 나쁨이라는 도덕 가치의 전복으로 자리 잡은 '약자의 도덕'으로 인해 인간은 더 나은 존재가 될 수 없게 되었다고 말한다. 이것이 니체가 그토록 기독교를 미워하고 민주주의를 비판했던 주요한 이유이며, 노예 도덕을 무너트리고 등장할 초인(위버멘시)을 애타게 기다렸던 이유이다.

격차의 열정으로 뜨거운 사회에서
상식이 된 겸손

사회에 민주주의가 자리 잡으면서 소수의 상위 계급에만 허락되던 자유가 모든 인간에게 허락되기 시작했다. 모든 사람에게 허락된 자유는 인류가 보여줄 수 있는 역량의 총량을 높였다. 각기 다른 개인들의 욕망은 이전과는 비교할 수 없을 정도의 다양성과 창의성을 가져왔다. 니체는 민주주의가 인간의 역량을 하향 평준화한다는 관점에서 비판하기도 했지만, 그런 그도 민주주의가 실현한 다양성의 파급력에는 기대를 걸기도 했다.

하지만 민주주의 사회의 '약자의 도덕'은 타인을 뛰어넘어 강자가 되고 싶은 인간의 욕망을 '나쁜 것'으로 규정했다. 이때부터 우월한 인간이 되고자 하는 인간의 '권력에의 의지'는 숨겨 마땅한 욕망이 되었으며 자신의 강함을 드러내지 않는 겸손은 미덕이 되었다. '약자의 도덕'은 조화롭고 평화로운 민주주의 사회를 실현하는 기본 규범으로 자리 잡았지만, 그와 함께 뛰어난 존재가 되고 싶어 하는 인간의 욕망을 잠재우면서 개인들을 평준화하거나 자신의 욕망을 부정하게 만들었다.

우리는 타인을 배려하고 겸손해야 한다는 '약자의 도덕'을 믿으면서도 우월한 지위를 쟁취하기 위해 '강자의 도덕'에 따라 경쟁에 뛰어든다. 오늘날 개인은 다른 사람들을 제치고 나아가야 하는 강인함과 내가 제친 사람들의 슬픈 마음까지 보살펴야 하는 배려심, 이 상충하는 두 가지 태도를 갖추기를 강요받는다. 대척점에 있는 이 두 개의 가치를 동시에 추구하는 주체는 혼란에 빠진다. 우리는 부자들을 빈부격차를 심화하는 악이라 칭하지만, 동시에 부자를 동경하면서 자본주의적 삶에 자신을 내던진다. 부동산으로 재테크하는 사람을 투기꾼이라 비판하지만 어디에 집을 사야 더 큰 시세 차익을 얻을 수 있을지 매일같이 두리번거린다. 평등과 평화를 추구하는 약자의 도덕을 믿으면서도 '을'이 아닌 '갑'이 되기 위해 쉴 틈 없는 일상을 반복한다. 여유로운 삶을 포기한 채 치열하게 살아 얻어낸 성취에도 마음껏 뽐낼 수 없는 사회에서 성공을 갈망하는 주체는 갈팡질팡하며 분열된다.

인간은 무엇보다도 도덕적이어야 한다는 생각으로 우월한 지위에 서고 싶어 하는 욕망을 금기시해서는 이 사회의 반쪽만을 보게 될 뿐이다. 자유민주주의 사회에서 개인의 열정적인 삶을 추동하는 에너지는 폭력적인 성격을 띤다. 타인의 권리를 침해하는 것을 당연하게 여기며 약육강식의 폭력사회를 무조건 긍정하는 것이 편향적인 태도인 것처럼, 도덕적인 인간을 이상적인 인간으로 설정하고 겸손을 상식이자 미덕으로 추종하는 것 또한 왜곡된 지향이다. 이렇게 한쪽으로 쏠려버린 시선으로는 우리가 살아가는 현대사회를 온전히 분석할 수 없다. 겸손함은 추구해야 할 이상적인 가치일 수 있지만, 그것을 강박적으로 강요할 필요는 없다. 다른 사람의 눈치를 보지 않고 굳건히 나아가는 인간의 강한 긍지가 더 높은 성취를 만들어내기도 하기 때문이다.

현대의 민주주의 사회를 살아가는 우리는 많은 것을 당연하게 여기지만, 그 속을 천천히 들여다보면 모순 또한 많다는 것을 알 수 있다. 그렇기 때문에 상식이라고 불리는 것들을 하나씩 거부해보는 시도만으로도 사회의 또 다른 면을 볼 수 있다. 이것이 상식으로 통하는 겸손을 '약자의 도덕'이라 부른 니체의 문제의식을 100년이 더 지난 지금에서도 고민해 볼 만한 가치가 있는 이유이다.

특별함을 잃어버린
이성적 인간

- Target 4 : 인간 본성 -

"인간은 다른 동물과 무엇이 다를까?" 이 질문에 대해서는 여러 가지 대답이 가능하지만 "인간은 이성이라는 특별한 본성을 가졌다"라는 대답이 가장 널리 알려진 답이다. 이제껏 인간은 이성을 통해 의미를 이해하고 창의적 사고를 할 수 있는 유일한 존재로 여겨졌다. 이 가정에 의문을 제기하는 것 자체가 이상하게 여겨질 만큼 인간에게 특별한 본질이 있다는 사실은 자연스럽게 받아들여져 왔다.

그러나 "그 주장의 근거가 무엇인가?"라고 묻는다면 명확한 답변을 내놓기 어렵다. 과거에는 "인간의 본성은 신이 부여한 것이다"라는 설명으로 마침표를 찍었지만, 그 설명의 유통기한은 일찍이 끝났다. 인간이 생물학적으로 다른 동물들에 비해 지능이 높은 것은 사실이다. 하지만 이것이 진정 우리 인간이 설명할 수 없는 특별한 무언가를 가지고 있다는 것을 뒷받침해 주는 근거인가? 신에게 죽음을 선언한 인간은 이 질문에 어떤 답을 내놓을 수 있을 것인가.

인간의 본성을 논하는 일은 철학적 탐구에서 중요한 부분을 차지하며 우리의 일상적 고민과도 긴밀하게 연결되어 있다. 인간을 어떤 존재로 규정하느냐에 따라 실존적인 고민의 방향이 달라지기에 우리는 인간 본성에 대한 설득력을 갖춘 대답을 필요로 한다. 이것이 부재한다면 인간에 대한 우리의 성찰은 첫 단추부터 잘못 끼우는 꼴이 되고 만다. 자, 그렇다면 인간의 특별함은 이성의 존재에 있다는 이 널리 알려진 믿음은 어디서 시작되었을까? 우선 과거 철학자들의 설명을 살펴보고 오늘날 인간의 본성을 규정하는 데 전환점이 된 사건들을 분석해 보자.

본성에 대한 교과서적 정의

'이성을 가진 존재'라는 정의는 프랑스 철학자 르네 데카르트에 이르러 구체화되었다. 데카르트는 인간에게 '신이 부여한 양식 **bon sens**'이 존재함을 강조했다. 그는 인간은 신으로부터 거짓된 것에서 참된 것을 구별할 수 있는 능력을 부여받았다고 말했다.[7] 모든 것을 의심한 끝에 남는 하나, 생각하고 있는 나는 아무리 부정하려고 해도 존재할 수밖에 없다는 의미에 "나는 생각한다, 고로 존재한다"는 그가 생각하는 인간상을 가장 명료하게 정의한 언명이었다. 인간 정신의 존재에 대한 그의 확신은 인간과 기계가 명확하게 구별된다는 논의로 발전했다. 그는 인간과 기계의 비교를 통해 인간의 본성을 더욱 확실하게 드러낸다.

● ○

> 우리 행동을 가능한 한 흉내 낼 수 있는 기계가 있다고 하더라도, 그것이 진정한 인간**vrais hommes**일 수 없다는 것을 알 수 있는 아주 확실한 수단을 갖고 있다는 것이다. 첫째, 그 기계는 우리가 다른 사람에게 우리 생각을 알게 할 때처럼, 말을 사용하거나 다른 기호를 조립하여 사용하는 일이 결코 없다는 것이다. (…) 둘째는, 그 기계가 우리 못지않게 혹은 종종 더 잘 많은 일을 처리한다고 하더라도, 역시 그 기계는 인식이 아니라 기관의 배치에 의해서만 움직인다는 것이 드러난다.[8]

데카르트가 말하는 인간과 기계의 차이는 첫째, 인간이 이해하는 의미를 기계는 이해할 수 없다는 사실과 둘째, 인간은 보편적 지능을 가지고 있어 모든 상황에서 대처할 수 있지만 기계는 조건이 제한된 상황에서만 일을 처리할 수 있는 한계가 있다는 점이다. 그는 "원숭이나 이성이 없는 다른 동물들과 똑같은 기관과 모양을 가진 기계가 있다면, 이 기계가 저 동물과 동일한 본성을 갖지 않았음을 알 수 있는 어떠한 수단도 우리에게 없다는 것이다"[9]라고 말하면서 동물과 기계의 동일성에 집중하는 동시에 그것들과 인간의 차이를 강조했다.

데카르트에 의하면 기계는 의미를 이해할 수 없고 보편 지능을 가질 수도 없기 때문에, 인간과 똑같은 기관과 모양을 가진 기계가 만들어진다고 하더라도 기계는 인간과 같아질 수 없다. 인간과 기계가 본질적으로 다르다는 데카르트의 주장은 인간과 다른 동물의 본질적인 차이를 이성의 존재 유무로 설명하는 생각의 오리지널 버전이다. 여기서 주목해야 할 점은 데카르트가 인간에게 특별한 지위를 부여한 것은 인간이 의미를 이해하거나 보편적 상황에서 지적 판단을 하는 등의 특별한 능력을 발휘할 수 있기 때문이라는 점이다. 다시 말해 이성의 존재가 인간의 능력을 증명하는 것이 아니라 인간의 능력을 근거로 이성의 존재가 증명되는 형태였다는 뜻이다.

인간 본성에 대한 또 다른 견해를 살펴보자. 이번에는 조금 더 가까운 현대에서 제기된 견해이다. 현대 언어학의 선구자 중 한 명인 놈 촘스키는 1971년 네덜란드에서 열린 프랑스 철학자 미셸 푸코와의 대담에서 인간은 창조성이라는 본성을 가지고 있다고 말하며 강력한 근거를 제시했다.

· ·

언어를 접하는 어린아이는 자신이 영어나 네덜란드어, 프랑스어 등등을 듣고 있다고 생각하지 않습니다. 오히려 자신이 아주 작은 폭의 변화만 허용하는, 매우 협소하고 분명한 유형의 인간 언어를 듣고 있다고 생각합니다. 그리고 이 아이는 고도로 조직되고 아주 제한된 도식 체계를 가지고 있기 때문에, 산발적이고 저급한 정보로부터 고도로 조직적인 지식으로 비약적인 도약을 할 수 있습니다. (…) 따라서 이 본능적 지식, 제한된 정보로부터 고도로 복잡하고 조직된 지식을 이끌어내게 하는 도식 체계야말로 인간성을 구성하는 기본 요소의 하나라고 주장하고 싶습니다.[10]

촘스키에 따르면 인간은 선천적으로 두뇌에 언어를 습득할 수 있는 특별한 장치, 즉 '언어 습득 장치Language Acquisition Device, LAD'를 가지고 태어난다. 이 장치를 통해서 어린아이들은 모국어를 인식하고, 세상의 모든 언어에 보편적으로 적용된 구조인 '보편문법Universal Grammar, UG'을 내재하게 된다. 그러므로 어린아이들은 언어 표현을 제한적으로 접하지만, 태생적으로 가지고 있는 고도의 보편문법을 통해 비약적인 도약을 할 수 있다는 것이다. 그는 여기서 더 나아가 정보로부터 매우 복잡하게 조직된 지식을 끌어내는 도식 체계는 언어 습득뿐만 아니라 사회적, 지적, 개인적 행동에도 영향을 미치며 이러한 본질적 도식 체계가 만드는 창조성이 인간의 본성이라고 주장했다. 그는 "인간성의 근본 요소는 창조적인 일, 창조적인 탐구, 강제적 기구가 임의로 제약하는 효과가 배제된 자유로운 창조에 대한 욕구"라고 말한다.[11] 인간의 보편문법에 관해 연구한 촘스키는 인간에게는 창조성이란 본질이 있다는 결론을 내렸다.

데카르트가 의미를 이해하는 능력과 보편 지능으로 동물과 인간을 구별하려 했다면, 촘스키는 보편문법을 근거로 인간의 본질적 특징을 증명하고자 했다. 이러한 두 철학자의 견해는 인간 본성에 대한 교과서적인 주장이라 할 수 있다. 인간의 정신 현상과 몸과 마음의 관계에 관한 최적의 설명을 찾으려는 심리철학자가 아니고서야 굳이 이들의 견해에 의문을 제기할 필요는 없었다. 일상에서 인간이 가진 특별한 본질이 실제로 존재하느냐 하는 물음은 굳이 논박될 필요가 없었기 때문이다. 하지만 2016년, 인간만이 가졌다는 그 위대한 본성은 인간처럼 사고하는 기계의 등장으로 위기를 맞았다.

인간을 이긴
생각하는 기계의 등장

구글이 개발한 인공지능 바둑 프로그램 '알파고AlphaGo'는 그동안 인간 바둑기사들에게 내려진 수많은 칭송의 말들이 무색해질만큼 너무나도 쉽게 바둑계를 제패했다. 체스와 퀴즈는 몰라도 바둑만은 인간의 고유 영역일 것이라는 인류의 믿음을 알파고는 송두리째 무너트렸다.

알파고의 혁신적인 기능 향상은 '강화 학습reinforcement learning'과 '심층 학습deep learning'을 통한 경험적 학습의 힘이었다. 강화 학습은 인공지능 시스템에 수많은 바둑 기보를 주고, 이를 통해 승리 확률을 높이는 좋은 수와 패할 확률을 높이는 나쁜 수를 경험하게 하면서 최선의 수를 선택하는 방식을 스스로 터득하게 만드는 과정이다. 심층 학습은 인간 두뇌의 작동에서 힌트를 얻어 만들어진 층층layers 구조의 프로그램이 막대한 양의 자료를 처리하는 가운데 자료들 속에 숨어 있는 패턴을 추출하도록 하는 과정이다.[12] 2016년 프로 바둑기사 이세돌 9단과 경기를 했던 알파고는 16만 기보를 익히고 자신을 상대로 100만 번의 대국을 치르며 스스로 학습해 압도적인 실력을 보여주었다. 그 후 1년 뒤 알파고는 중국의 커제 9단에 전승을 거두며 총 전적 68승 1패로 바둑계를 은퇴했다.

알파고가 바둑계를 정복한 것도 충격적인 일이었지만 알파고가 바둑을 두는 방식은 더 놀라웠다. 알파고가 주어진 알고리즘에 따라 단순히 계산을 수행하는 일반적인 컴퓨터와 다르다는 사실은 세 가지 증거로 입증되었다. 첫 번째는 알파고가 인간 프로 바둑기사라면 두지 않았을 독창적인 수를 두었다는 점이다. 이세돌과 알파고의 제2국에서 나온 알파고의 37수를 프로기사들은 처음에 이해하지 못했다. 하지만 결과적으로 인간의 바둑 세계에서는 존재하지 않았던, 알파고가 만들어낸 훌륭한 수로 결론지었다. 이는 알파고가 인간 바둑기사들이 오랜 시간 동안 쌓아온 바둑의 문법에 갇히지 않는 모종의 독창성을 가졌다는 증거이다.

두 번째는 알파고가 실수를 했다는 점이다. 제4국에서 알파고의 97수는 전문가라면 두지 않을 어처구니없는 수였다. 인간 바둑기사는 불리한 상황에서 그나마 최선의 수를 고민하지만, 알파고는 승리가 불확실해진 상황에서 판단력을 잃어버리고 마치 아마추어 기사와 같은 선택을 내렸다. 컴퓨터 버그라고 생각하기에는 성격이 다르다. 만약 알파고가 인간의 프로그래밍을 그대로 따랐다면 제4국의 97수 같은 수는 나올 수 없다. 계산기가 망가지면 입력 자체가 안 되거나 작동이 중지될 수는 있어도 '1+1=3'이란 결괏값을 내놓을 수는 없는 것처럼 말이다. 인간이 하지 않는 실수를 알파고가 할 수 있다는 점은 알파고가 그만의 판단 체계를 갖고 있다는 증거이다.

세 번째는 개별 알파고 사이에도 개성이 존재할 수 있다는 점이다. 알파고를 개발한 구글의 딥마인드는 이세돌과 알파고의 대국 6개월 뒤에 알파고의 대국 해설을 공개했다. 이 해설에는 알파고의 자기 대국self-play 해설도 포함되어 있었는데 인상적인 점은 알파고 대 알파고의 대국에서 역전이 일어난 적이 있었다는 것이다. 같은 역량을 가진 시스템이 혼자 게임을 하듯 자기 대국을 두면 같은 실력과 방식으로 게임이 진행되리라 예측할 수 있지만 실제로는 그렇지 않았다. 공개된 알파고의 자기 대국에서 초반에 수세에 몰렸던 알파고(백)이 어느 순간 알파고(흑)을 역전해 판세를 뒤집은 경기가 있었다. 같은 실력을 가진 두 알파고의 대국에서 역전이 가능하다는 것은 출발 시점에서는 동일했던 알파고(백)과 알파고(흑)이 대국을 진행하며 서로 다른 판단을 내리는 존재가 되었다는 것을 시사한다. 이로써 알파고의 자체 학습 과정에서 알파고는 개별적인 독자성을 키워갈 수 있음이 확

인되었다.[13]

알파고를 개발한 딥마인드의 개발자들도 알파고가 정확히 어떤 경로로 의사 결정을 내리는지 알 수 없다고 말했다. 아이를 키우는 부모가 내 아이가 어떤 기준으로 생각하고 행동하는지 정확히 알 수 없는 것처럼 개발자 역시 알파고가 어떻게 판단을 내리는지 알 수 없었던 것이다. 이는 알파고가 단순히 고도화된 계산기가 아니라는 사실에 설득력을 더해준다.

이제 알파고를 통해 확인한 인공지능의 특징을 바탕으로 앞에서 살펴보았던 데카르트와 촘스키의 인간 본성에 관한 논의를 평가해 보자.

인공지능이 흔든 이성적 인간의 지위

만약 데카르트가 환생해 지금의 인공지능을 목격한다면 기계도 생각할 수 있다고 인정할까? 어쩌면 그는 인공지능은 그저 성능이 뛰어난 기계에 불과하다고 말할지도 모른다. 기계가 인간처럼 작업을 수행할 수 있다고 하더라도 인간처럼 의미를 이해할 수는 없다는 논증이 있다. 이 논증을 '중국어 방 논증The Chinese Room

Argument'이라고 부른다.

논증의 내용은 이러하다. 방 안에 중국어를 전혀 모르는 사람이 있다. 이 사람은 중국어를 모르지만, 방 안에는 중국어에 관한 세상의 모든 데이터와 문법책이 있다. 그래서 이 방의 왼쪽에서 중국어로 된 질문이 들어오면 이 사람은 방 안에서 중국어 데이터와 문법책을 뒤져 질문에 딱 맞는 대답을 찾아 오른쪽으로 내보낸다. 방 안에 있는 사람은 중국어로 된 질문과 답변을 완벽히 처리한다. 그렇다면 방 안에 있는 사람이 중국어를 진정으로 이해하고 있다고 말할 수 있는가?

이 사고실험에 따르면 방 안의 사람은 과정을 완벽하게 처리해 냈더라도 중국어를 이해한다고 할 수는 없다. 그는 데이터와 문법책을 보며 단순 작업을 완수했다. 그저 자판기가 음료를 뽑아내듯 답변을 산출했던 것뿐이다. 이 논증을 기획한 미국의 언어철학자 존 설**John Searle**에 따르면, 기계의 성능이 아무리 좋아져도 인간처럼 의미를 이해할 수는 없다. 기계는 투입값에 대한 결괏값을 산출하는 계산기에 불과할 뿐, '의식' 혹은 '마음'(철학 용어로는 심적 상태)을 가지고 있는 인간과는 본질적으로 다르다는 것이다.

이와 비슷한 비판이 알파고에도 그대로 적용될 수 있다. 인공지능이 바둑을 제패하고 퀴즈대회에서 우승하고 빅데이터를 바탕으로 인간은 접근할 수 없는 선택지를 만들어낸다고 하더라도, 인공지능은 자신의 행위가 가진 의미를 이해할 수 없다. 즉 알파고는 바둑에서 인간을 이길 수는 있어도 자신의 승리를 기뻐할 수는 없다. 적어도 지금은 그렇다.

그러나 이러한 반론은 지능을 바라보는 관점이 변화하면서 힘이 약해지고 있다. 이제 사람들은 그것이 정말 '인공지능'인지 엄격하게 따져 묻지 않는다. 알파고나 IBM의 '왓슨' 같은 대규모 프로젝트뿐만 아니라 스마트폰에 탑재된 '시리', '빅스비'와 같은 서비스에도 인공지능을 붙이는 데 거리낌이 없다. 이는 인간이 기계와의 지적 대결에서 패배한 상황에서 "그래도 기계가 의미를 이해하는 것은 아니지 않으냐"라는 질문이 궁색해진 탓이다. 게다가 기계는 인간과 달리 의미를 이해한다고 해서 결과적으로 행위를 달리할 가능성이 없을 수 있다. 그렇다면 굳이 이 질문이 심도 있게 다뤄질 필요가 없다.

또한 의미의 이해 여부와 상관없이 특정한 인지적 과제를 성공적으로 수행하는 기계를 인공지능으로 부른다면, 의미나 이해는 더 이상 '지적 능력'의 본질적인 요소가 아니다. 이는 인간의 지능을 평가할 때도 과제 수행 능력 이외의 다른 능력들은 부차적인 것으로 치부하는 경향과도 연결된다.[14]

이제 촘스키의 논의로 넘어가 보자. 촘스키의 말대로 정말 인간은 특별한 본성을 가지고 있기 때문에 창조적으로 언어를 활용할 수 있는 것일까? 그는 "어린아이들은 개별 언어들을 아주 제한적으로 접하지만 태생적으로 가지고 있는 고도로 조직된 보편문법을 통해 비약적인 도약을 할 수 있다"라고 말했다. 그런데 촘스키의 생각이 진짜일까? 정말 어린아이들은 보편문법을 통해 아주 제한적인 언어 정보로부터 창조적인 언어 활용을 하게 되는 것일까? 만약 부모의 입을 통해 발화된 내용만으로 언어 정보를 국한한다면 어린아이들에게 노출되는 정보량은 극히 적기 때문에 정보량의 한계를 뛰어넘게 만드는 보편문법의 태생적 존재 가능성은 그럴듯하다.

그러나 언어 정보를 말로 국한하지 않는다면 어린아이들이 접하는 언어의 정보량은 그야말로 어마어마하다. 어린아이는 부모의 말뿐만 아니라 표정 변화, 몸짓과 행동 변화에 매 순간 노출된다. 부모가 언어 교육을 위해 내뱉는 말은 물론, 의도하지 않았고 언어 교육에도 아무짝에 쓸모없어 보이는 비언어적 표현들도 아이들에게 경험적으로 축적된다. 어린아이들은 축적된 수많은 언어적, 비언어적 정보로부터 언어의 패턴을 인식하게 되고 이로부터 초기의 간단한 의사 표현에서 시작해 나아가 창조적인 언어 활동을 하는 것은 아닐까? 만약 그렇다면, 촘스키의 가정과 반대로 어린아이는 보편문법을 선천적으로 가지고 태어나서가 아니라 일상에서 언어적 빅데이터를 학습하여 후천적으로 창조적 언어 능력을 습득한다고 볼 수 있다.

이는 인공지능이 빅데이터를 학습해 모종의 판단력을 갖는 과정과 비슷하다. 인공지능은 충분한 데이터가 있다면 그 데이터를 통해 독자적인 판단력을 갖추는 것이 가능함을 보여주었다. 인공지능은 인간의 예측 범위를 넘는 판단력을 보였을 뿐 아니라 실수할 수도 있음을, 각기 다른 개성을 가질 수도 있음을 보여주었다. 그렇다면 인공지능에도 인간이 가진 그 특별한 본질이 생겨난 것일까? 이 질문을 맞닥뜨리는 순간 창조적 본성을 가진 인간의 절대적 지위는 흔들린다.

인공지능이 예술 분야에도 진출하고 있다는 사실은 인간 본성에 대한 믿음에 더 큰 균열을 일으킨다. 2018년 10월, 뉴욕 크리스티 경매에서 인공지능이 그린 그림이 43만 2,500달러에 낙찰되었고, 프랑스 연구자들이 모여 만든 인공지능 '오비어스 **obvious**'는 14~20세기 화가들이 그린 1만 5,000여 점의 초상화를 학습하여 독창적인 초상화를 그려냈다.[15] 또한 2014년 네덜란드에서 시작한 '넥스트 렘브란트 **The Next Rembrandt**' 프로젝트로 150 기가바이트의 데이터를 학습한 인공지능이 렘브란트풍의 새로운 작품을 탄생시키기도 했다.[16] 인공지능은 회화와 작곡 등 다양한 예술 분야에서 이미 활동을 시작했다. 인공지능이 만든 작품을 어떻게 평가하느냐, 그리고 창작을 얼마나 엄격하게 정의하느냐에는 여러 논의가 있을 수 있겠지만 인공지능이 일정 수준의 창조적 활동을 하고 있음을 부정하긴 어려워 보인다.

인공지능은 일부 영역에서는 인간을 압도하는 지적 능력을 보여주며 인간의 고유한 영역에 발을 들여놓았다. 이는 인간성의 위기로 묘사되었고, 인공지능에 의해 인간의 역할이 대체될 것이란 전망에 대항해 인간이 가진 고유한 본질을 지켜야 한다는 목소리가 나오고 있다. 그동안 인간의 본질은 인간이 가진 지적 능력에 초점이 맞춰져 있었다. 따라서 인공지능 시대에 인간성을 지키기 위해 강조되는 휴머니즘은 도리어 인공지능이 얼마만큼 뛰어난 능력을 갖게 되었는지를 역으로 입증할 뿐이다. 인공지능은 다양한 분야에서 차례차례 인간의 지적 능력을 압도해 나갈 것이다. 이에 따라 인간의 특성을 지직 능력으로만 설명하기는 더 어려워질 전망이다.

이제 인간의 본성에 관한 탐구는 그동안 이성의 통제하에 조절되어야 한다고 믿어져 왔던 '감정'으로 향해야 한다. 다가올 미래에는 인간의 감정을 다루는 직업, 예를 들어 보육교사나 심리치료사 그리고 엔터테인먼트 관련 직업들이 주목받을 것이다. 인공지능은 우리 곁에 왔지만 인공 감정을 가진 기계는 아직 멀리 있기 때문이다. 이제 인간은 지능이 아니라 풍부한 감정을 보유한 존재로 인공지능과 존재론적으로 구별될 것이다. '인간은 이성적 동물이다'에서 출발했던 전통적인 인간 본성에 관한 논의가 변곡점을 맞이했다.

사랑의 최신 트렌드

- Target 5 : 사랑 -

미디어가 시청자들의 욕망을 가장 빠르게 대변하는 매체라는 점에서 사랑의 최신 트렌드를 파악하기 위해 큰 인기를 얻은 드라마들을 관찰해 볼 만하다. 최근 트렌드를 이끈 드라마들이 사랑을 다루는 방식에는 공통적인 특징이 있다. 그것은 치열하게 살아가는 직장인들의 사랑을 다룬다는 점이다. 비교적 젊은 세대에게 호평을 받은 드라마의 등장인물들은 모두 직업적 특성이 강한 직업을 가지고 있다. 검사, 변호사, 의사, 경찰, 형사, 군인 등이 대표적이다. 드라마의 주인공은 낭만적인 사랑꾼이 아니라 능력 좋은 사회인으로 설정된다. 등장인물 간의 애정 전선은 수수께끼로

출제될 정도로 은근하게 표현되거나 심지어는 스토리상 아예 존재하지 않기도 한다. 과거 러브라인만으로 서사를 끌어가던 드라마들과 달리 현대의 드라마에서 러브라인은 전개에 핵심적인 요소가 아니다.

이와 달리 일일드라마처럼 주 시청자의 연령대가 높은 드라마에서 등장인물의 직업은 여전히 '주인공이 부유하다' 혹은 '사회적 지위가 높다'와 같은 캐릭터의 특징을 부여하는 장치로 이용된다. 그래서 도통 무슨 본부를 운영하는지 알 수 없는 수많은 본부장이 드라마의 주인공으로 등장한다. 재벌 2세 본부장과 출생의 비밀을 가진 가련한 여주인공의 사랑은 옛날부터 드라마의 단골 주제였다. 틀에 박힌 서사로도 시청률 50퍼센트를 넘는 대박 드라마가 매년 등장했을 만큼 백마 탄 왕자님이 등장하는 신데렐라 이야기가 갖는 파급력은 오랜 시간 그 명성을 유지했다.

결국 젊은 세대는 사랑 없이도 전개되는 트렌디한 드라마를 찾아 떠나고, 기성세대는 여전히 평일 8시에 방영되는 재벌 2세와 슬픈 여주인공의 사랑 이야기에 몰입한다. 세대별로 받아들이는 사랑 이야기가 다르다는 것은 세대 간 사랑의 방식이 다르다는 점을 시사한다. 젊은 세대는 왜 지고지순한 사랑 이야기를 비현실적이라 생각하게 되었을까? 그들의 사랑엔 어떤 변화가 있었던 걸까?

우리의 머릿속에 있는 진정한 사랑이란 무엇일까? 여기 사랑에 관한 명언으로 왕왕 소개되어 많은 사람의 심금을 울린 글귀가 있다.

> 미성숙한 사랑은 "나는 네가 필요하기 때문에 너를 사랑한다"고 말하지만 성숙한 사랑은 "나는 너를 사랑하기 때문에 네가 필요하다"라고 말한다.[17]

에리히 프롬은 『사랑의 기술』에서 성숙한 사랑과 미성숙한 사랑을 대비한다. 성숙한 사랑의 예시로는 무조건적 사랑을 베푸는 어머니의 모성애를, 미성숙한 사랑의 예시로는 사랑받음을 당연하게 여기는 유아기적 사랑을 제시한다. 프롬은 어른과 아이 할 것 없이 인간은 보상을 바라지 않는, 어머니의 사랑과 같은 조건 없는 사랑을 갈망한다고 말한다. 우리의 관념 속에 존재하는 진정한 사랑은 사랑을 수단이 아니라 목적으로 대하라는 격언과 맥락을 같이한다. 사랑은 현실에서 인간이 손익계산에서 벗어나 추구할 수 있는 몇 안 되는 고귀한 가치로 여겨져 왔다. 수단이 아니라 목적으로 추구하는 사랑은 숭고하게 드높여졌으며 문학과 예술 작품에 빠지지 않는 소재였다.

그러나 사랑에서 개념 변화가 일어났다. 오늘날 성숙한 사랑은 '나는 그대가 필요하기 때문에 사랑한다'는 것이 되었고, 성숙하지 못한 사랑은 '나는 그대를 사랑하기 때문에 나에게는 그대가 필요하다'는 것이 되었다. 즉, 사랑은 목적이 아니라 수단이 되었다. 이제 현실을 등지고 사랑에만 목을 매는 사람은 철부지 취급을 받는다. 현시대의 성숙한 사랑은 순간의 감정에 휘둘려 맹목적으로 빠져드는 감정적 요동이 아니라 함께 계획적으로 미래를 준비할 수 있는 사람을 차분하게 고르는 과정이다. 다시 말해 성숙한 사람이라면 사랑을 목적으로 여겨 사랑하기 위해 사랑하는 것이 아니라 안정적인 미래를 위한 수단으로도 현명하게 사용하는 능력을 갖추어야 한다는 것이다.

성숙한 사랑의 의미 변화는 자기 자신을 하나의 기업처럼 경영하는 시대의 도래와 함께 시작됐다. 오늘날 모든 사람은 자신의 삶을 성공적으로 경영하는 데 몰두하는 야심가가 되었다. 남자 혹은 여자로서의 삶, 누군가의 자식으로서의 삶, 국민으로서의 삶, 그 모든 제약에서 해방된 주체는 자신의 욕망에 따라 삶을 꾸려나가는 것을 최우선으로 한다. 그 동기를 세속적인 욕망이라 부르든 자아실현의 욕구라고 부르든, 우리는 성취를 위해 전력투구하며 기꺼이 치열한 경쟁에 뛰어들고 있다. 이로써 사랑의 경쟁 상대는 매력적인 다른 사람이 아니라 나의 업무시간, 자기계발의 시간, 재충전의 시간이 된다. 현대인은 사랑하는 사람을 다른 이에게 뺏길까 봐 불안해하는 것이 아니라 성공을 위해 알차게 써야 하는 시간을 연애에 뺏길까 봐 불안해한다.

성숙한 사랑에 의미 전복이 일어나면서 사랑을 할 때 피해야 할 대상과 이상적인 대상에도 변화가 일어났다. 오늘날 사랑에 빠지기에 부적절한 대상은 속을 알 수 없는 신비함을 가진 사람, 요동치는 감정으로 나의 판단력을 흐리게 만드는 사람, 나의 규칙적 일상을 뒤흔드는 마력을 가진 사람이다. 마치 운명처럼 다가오는 사람은 기피의 대상이 되고 만다. 그토록 예측 불가능한 사람과는 미래를 성공적으로 경영해 나갈 수 없기 때문이다. 한편 이상적인 사랑의 대상은 나의 일을 존중해 주는 사람, 삶의 비전을 공유할 수 있는 사람, 미래의 손익계산에 능한 사람이다. 사회적 성취에 열정적인 두 사람이 만나서 서로의 경력에 걸림돌이 되지 않는 선에서 사랑을 나누는, 배려를 주고받는 사랑이야말로 이 시대에 가장 성숙한 사랑이다. 이들은 예측 가능한 미래를 함께 꾸려갈 수 있는 사람이어야 하기 때문에 상대방의 학력과 수입 그리고 재산은 부차적인 것이 아니다. 오히려 감정적 이끌림보다 더 핵심적인 조건이다. 그가 가진 사회적 자산은 그가 이제껏 얼마나 성실히 살아왔는지, 그리고 앞으로도 어떻게 자신을 열정적으로 경영해 나갈 것인지 보여주는 증표이다.

자기 파괴적인 운명적 사랑에 대한 로망이 사라지는 순간, 사랑은 철저한 등가교환을 원칙으로 하게 된다. 최신 트렌드의 사랑은 남녀가 현실을 등지고 둘만의 낭만 세계로 빠져드는 체험이 아니라, 서로를 지원군 삼아 더 공격적인 태세로 사회에 진출하는 활동이다. 따라서 일은 안 하고 사랑에만 빠져 사는 드라마 속 주인공은 애초에 공감할 수 없는 대상이다. 모든 일을 팽개치고 울고불고 매달리는 사랑은 재벌 2세 본부장이 한다고 한들 미성숙한 이들의 사랑 공식일 뿐이다. 현대판 사랑의 백미는 바쁜 직장인의 일상 속에서 스멀스멀 피어나는 사랑이다. 이렇게 성숙한 사랑이 갖는 의미가 전복됨에 따라 드라마의 콘셉트도 함께 달라지고 있다.

사랑의 의미 변화에 따른 결혼과 양육의 변화

성숙한 사랑의 의미 변화는 필연적으로 결혼과 그에 따른 양육 방식의 변화를 동반한다. 뜨거운 사랑으로 힘겨운 미래를 헤쳐나가는 것이 성숙한 사랑으로 통하던 과거에 연애의 다음 단계는 의심 없이 결혼이었다. 결혼은 사랑에 빠진 사람이라면 누구나 선택하는 통과의례였다. 그러나 만남을 시작할 때부터 세분화된 항목이 포함된 손익계산서를 살펴보는 것이 성숙한 사랑으로 자리 잡은 오늘날의 결혼은 마치 '결혼자격증'을 취득한 사람에게만 해당하는 일이 되어가고 있다. 그저 소득과 집에 가중치가 부여된다는 점 이외에 결혼자격증을 발급받을 수 있는 수치화된 기준도, 발급하는 기관도 존재하지 않지만 자신은 이 자격증을 취득할 수 없다고 생각하는 사람들이 많아지고 있다. 또한 결혼 제도 자체를 부정하며 결혼이라는 선택지에서 이탈하는 사람들 역시 많아지고 있다. 이제 연애의 다음 단계는 결혼으로 직결되지 않는 것이다.

결혼하지 않고도 이어지는 사랑의 방식이 점점 더 다양해지는 한편, 결혼을 할 수 있는 조건은 더 엄격해지고 있다. 이제 결혼은 두 사람 간의 충만한 애정뿐만 아니라 출산과 양육을 포함해 혼자일 때보다 나은 가정을 경영하는 것이 가능하다고 판단될 때만 성립된다. 그리고 이 판단은 근거 없는 바람이나 허황된 꿈이 아니라 지극히 현실적 판단에 입각한, 계산기를 이용한 수치 계산을 근거로 한다. 손익계산서가 붙으며 더욱 높아진 결혼의 문턱은 오늘날 세대 간 혼인 건수의 격차를 만들고 있다. 통계청에 따르면 1980년 한 해 혼인 건수는 40만 건이었지만 2012년을 기점으로 지속적으로 하락해 2020년에는 21만 건까지 줄어들었다. 지금의 결혼 적령기인 밀레니얼 세대는 6.25 전쟁 직후 폐허가 된 한국에서 태어난 베이비붐 세대보다 결혼을 더 적극적으로 멀리하고 있다.

오늘날 한국 사회가 아무리 희망이 보이지 않는 사회라고 할지라도 개인의 소득 수준이든 국가의 복지정책이든 생계를 유지하는 데에는 지금이 더 여유롭다. 따라서 경제적 여건만으로는 결혼과 출산을 기피하는 젊은 세대를 이해하기 어렵다. 이 세대에게 결혼이 더 큰 짐으로 다가오는 것은 그들이 결혼 후에 부모라는 새로운 정체성으로 살아가는 것이 아니라 여전히 독립된 개인으로 살고자 하기 때문이다.

자기 경영의 시대적 패러다임은 결혼 이후에도 끝나지 않는다. 과거 베이비붐 세대에서의 결혼은 개인의 자유로운 삶을 포기하는 것을 의미했으며 자기희생을 기반으로 했다. 그들은 자신의 삶은 포기하더라도 결혼을 하고 자녀를 키우는 일에서 삶의 이유를 찾았다. 남편은 돈을 벌고 아내는 육아를 맡는 역할 분담이 가능했던 것은 여성의 사회 진출을 막는 후진적인 사회구조의 영향이기도 했지만 다른 한편으로는 나를 포기하고 부모라는 공통의 정체성으로 살아가는 데 남녀 모두가 동의했기 때문이다.

하지만 지금은 결혼 후에도 두 사람은 부모로서가 아니라 여전히 독립된 인격체로 살아가기를 원한다. 육아 문제와 여성의 경력 단절 문제가 하루빨리 해결해야 할 사회적 문제로 떠오른 것은 남성뿐만 아니라 여성도 결혼 후에 개인의 삶을 포기하지 않고 살아갈 수 있어야 한다는 문제의식 때문이다. 자녀 양육 문제에 정부의 적극적 개입이 시작된 이유와 사교육 시장의 열기가 여전히 뜨거운 것도 이에 기인한다. 오늘날 부모에게 자녀의 교육 문제가 중요한 것은 아이들을 경쟁력 있는 사회인으로 키우고 싶은 바람 때문이기도 하지만 동시에 부모들의 개인적 삶이 중요해졌기 때문이기도 하다. 어린이집, 유치원, 학교, 학원은 아이들을 교육하는 것뿐만 아니라 아이들을 안전한 공간에 긴 시간 맡아주어 부모들의 사회적 삶을 가능하게 하는 역할도 맡고 있다.

이런 측면에서 남녀 모두 결혼 후에도 나의 삶을 포기하지 않으려면 아이를 믿고 맡길 수 있는 교육기관과 집안일을 대신해줄 사람에게 돈을 지불할 수 있는 상당한 재정 능력이 뒷받침되어야 한다. 결혼을 통해 자신의 삶을 성공적으로 경영하고자 하는 젊은 세대는 충분한 여건이 갖춰지지 않은 상황에서 시작하는 결혼을 자기 파괴적인 선택으로 여기게 되었고, 그에 따라 혼인 건수는 점점 줄어들고 있는 것이다.

사랑의 본질보다
변화에 주목하자

돈으로 바꿀 수 없는 것은 모두 쓸모없는 것으로 전락시켜 버리는 자본주의 사회의 질서를 내면화한 현대인들은 사랑에 죄책감을 느낀다. 이제 자신은 현실과 타협해 열정적인 사랑을 할 수 없는 '사랑 불구자'가 되었다며 자책한다. 하지만 이러한 좌절감은 진정한 사랑에 대한 강박에서 시작된다. 현실을 등진 채 격정적이고 자기 파괴적인 사랑을 해야만 진정한 사랑을 하는 것이 아니다. 마찬가지로 현실적 상황에 얽매인 사랑이라 할지라도 그것을 거짓된 사랑이라고 말할 필요는 없다.

현대사회에서는 중매로 결혼한 조부모와 자유연애로 결혼한 부모, 그리고 결혼을 기피하는 자녀들이 함께 살아간다. 이 세 세대가 사랑을 주제로 대화한다면 모두를 만족시키는 합의점을 찾기란 불가능에 가까울 것이다. 사랑은 시공간을 관통하는, 불변하는 가치처럼 여겨졌지만 시대에 따라 사랑이 갖는 함의는 다양하게 변화해 왔다. 앞으로도 앞선 세대가 이해하지 못할 만큼 사랑의 의미는 계속해서 달라질 것이고 이에 따라 결혼과 양육의 방식 또한 변화할 것이다. 이런 점에서 '트렌드'가 갖는 의미에 주목해 보자. 어느 한 시점에서의 동향, 추세를 뜻하는 트렌드에는 좋고 나쁨이나 옳고 그름의 가치판단이 들어 있지 않다. 그렇기에 바람직한 사랑과 그렇지 않은 사랑을 구분하기 위해 사랑의 본질적인 가치에 집착하는 것보다는 사랑의 트렌드 변화를 따라가는 편이 더 유용하다.

사랑의 의미가 시대에 따라 변하는 것이 필연적이라면, 오늘날 사랑이 갖는 의미가 변해가는 것을 비판하거나 문제 상황으로 설정할 필요도 없다. 또한, 사랑 그 자체를 목적으로 두는 것만이 옳다거나 바람직한 사랑의 방법이라고 단정 지을 필요도 없다. 시대를 관통하는 사랑의 본질적 의미를 묻기보다 어떤 사회적 조건에서 사랑의 의미가 변화했는지를 추적해야 할 것이다. 강박에서 출발한 사유는 언제나 그렇듯 왜곡된 결론만을 도출할 뿐이다.

소통의 시대에서
넘쳐나는 불통에 대하여

- Target 6 : 소통 -

소통은 오랜 기간 동안 시대의 화두로 자리 잡고 있다. 의사소통 능력은 21세기를 살아가는 인간이 기본적으로 갖춰야 하는 최소한의 역량인 동시에 최고의 미덕인 듯하다. 좁게는 연인, 가족, 직장 동료 사이의 소통에서 넓게는 경영진과 직원, 정부와 시민, 심지어 세계인들과의 소통까지 소통은 어디에도 빠지지 않는다. 소통 능력을 기르고 싶어 하는 많은 사람의 열망을 반영하듯 '~하는 커뮤니케이션 스킬', '~하는 대화법'과 같이 소통을 주제로 한 책과 강의, 칼럼 역시 넘쳐난다. 소통이 강조되는 지금, 우리는 단어의 뜻 그대로 서로를 더 잘 이해하며 뜻을 통하게 되었을까? 아쉽게도 그렇지 않은 듯하다.

소통의 시대에 불통이 넘쳐난다. SNS는 몇 번의 터치만으로 수많은 사람과의 연결을 가능하게 만들었고, 혁신을 거듭하는 교통수단은 물리적 거리의 제약을 지워가고 있지만 '혼밥'과 '혼술'을 선호하는 사람들과 군중 속의 고독을 호소하는 사람들 또한 많아지고 있다. 지금의 인류는 인터넷 세계 속에서 무한히 확장되는 관계망에 엮이며 역사상 그 어느 때보다 많은 사람과 연결되고 있지만 동시에 유례없는 외로움과 고독을 함께 느끼고 있다. 이 역설적인 현상은 우리가 진정한 소통의 방법을 모르기 때문에 비롯된 것일까? 모든 사람이 소통에 목을 매도 제대로 소통하지 못한다면 소통이라는 것 자체에 문제가 있는 것은 아닐까?

화두가 된 소통과
은폐된 위계질서

어떤 맥락에서 소통이 시대의 화두로 떠오르게 되었는지부터 살펴보자. 사회에서 소통이 강조되기 시작한 시점은 명령의 커뮤니케이션으로 유지되던 경직된 위계질서가 붕괴하는 시대적 변화와 맞물린다. 오랫동안 한국 사회에서는 상급자와 하급자, 선생과 학생, 부모와 자식 간에 암묵적으로 지켜야 하는 위계질서가 존재했다. 아랫사람은 윗사람의 말에 따라야 했고 위계질서를 거스르는 이는 조직의 논리에 따라 처벌의 대상이 되었다. 경직된 위계질서가 공고했던 그때는 종종 물리적 폭력까지 스스럼없이 행해졌다. 상명하복의 의사소통이 통용될 때에는 개인 간의 소통이 주요한 이슈가 되지 못한다. 윗사람의 뜻을 아랫사람이 무조건 받아들여야 한다면, 윗사람은 구태여 자기 뜻을 잘 전달할 소통법을 고민할 필요가 없기 때문이다. 이러한 명령의 커뮤니케이션에서는 사람이 말하는 것이 아니라 위계질서 그 자체가 말을 한다.

하지만 곳곳에서 존재하던 이 경직된 위계질서가 시대의 변화에 따라 흔들리기 시작했고 이제까지 묵인되어 왔던 모든 종류의 폭력이 도마 위에 올랐다. 제일 먼저 1998년에 시행된 「가정폭력방지법」에 의해 가정에서 발생하는 폭력이 법적으로 금지되었다. 2010년대 이르러 「학생인권조례」가 시행되면서 '사랑의 매'라는 이름으로 정당화되어 왔던 교사의 처벌과 아이들은 싸우면서 큰다며 무시되어 왔던 학교 폭력도 감시의 대상이 되었다. 2019년 7월에는 「직장 내 괴롭힘 방지법(근로기준법 개정안)」이 시행됨으로써 직장 내에서 발생하는 폭력에도 공권력이 깊게 관여하기 시작했다. 법은 제정과 동시에 사회적 변화를 일으키기도

하지만 그 자체로 축적된 사회적 합의의 결정체이기도 하다. 이러한 법이 시행됨으로써 한국 사회 곳곳에서 명령의 커뮤니케이션으로 유지되던 체계는 붕괴하고 소통의 커뮤니케이션으로 태세가 전환되었다는 것을 확인할 수 있다. 이제는 강압적으로 명령하고 지시하지 않으면서도 자신의 뜻을 잘 전달할 수 있는 정교한 커뮤니케이션 능력이 필요해졌다.

명령에서 소통으로 커뮤니케이션 방식이 전환된 것은 흔히 사회적 진보라고 여겨진다. 서로 다른 의견을 갖고 있더라도 대화와 토론으로 평화롭게 소통하며 합리적으로 갈등을 해결할 수 있는 가능성이 생겼기 때문이다. 하지만 이는 소통에 대한 지나친 기대에 근거한 낙관론일 뿐 현실을 제대로 반영한 예측은 아니다. 커뮤니케이션 방식의 변화가 곧 위계질서의 해체를 의미하는 것은 아니며 또 개인의 자유로운 발언과 행동을 보장하는 것도 아니다. 소통하는 사회를 진보된 사회로 보기 시작하면 소통의 커뮤니케이션으로 발생하는 다양한 문제들은 묵살된다. 기존의 강압적인 명령 체계로 돌아가던 사회에서는 발생하지 않았던 문제들이 소통 사회에서 새롭게 발생하는데도 말이다.

회사를 예로 들어보자. 소통을 강조하는 회사는 구성원들의 조화로운 관계 형성을 목표로 소통을 강조할까? 회사가 강조하는 소통은 목표 달성에 도움이 되는 소통뿐이다. 물론 오늘날 회사 내의 모든 커뮤니케이션은 폭력적인 말과 행위에 대해 검열을 받는다. 그래서 회사의 리더에게는 강압적인 명령 대신 팀원들의 신망을 얻거나 동기부여를 하는 등의 전략으로 구성원들을 회사의 방향에 발맞춰 가게 만드는 능력이 중요해졌다. 또한 직급을 부르지 않고 '님'으로 호칭하는 등 회사가 상급자에게 부여한 권력은 보이지 않게 은폐되어야 하지만, 아이러니하게도 이는 어떤 경우에도 지켜져야만 한다. 상급자가 하급자에게 강압적인 지시를 내릴 수 없다고 해서 하급자가 자유롭게 일할 수 있는 것은 아니다. 소통의 방법을 어떻게 바꾸든 회사 내 커뮤니케이션의 본래 목적은 달라지지 않는다. 그렇기에 어떤 조직에서든 상급자에게 반기를 드는 행위는 여전히 가장 엄중한 문제 중 하나로 다뤄진다. 커뮤니케이션의 방식을 얼마만큼 세련되게 다듬든 누군가는 지시하고 누군가는 받아들여야 하는 위계질서는 그대로 남겨지는 것이다.

소통의 커뮤니케이션은 마치 권위를 부수고 구성원들 사이의 조화를 추구하는 듯하지만 그 자체가 일사불란한 지휘 체계를 효과적으로 유지하기 위한 수단이다. 표면적으로 내보일 수는 없지만 지켜져야만 하는 이 은폐된 위계질서는 더 정교하고 교묘한 방법을 통해서 유지된다. 이것이 오늘날 리더를 위한 소통 강의가 불티나게 팔려나가는 이유이다.

대화와 토론을 통한 소통의 커뮤니케이션이 강조되면서 아리스토텔레스의 『수사학』과 같은 고전이 다시금 왕왕 인용되기 시작했다. 에토스 **Ethos**, 파토스 **Pathos**, 로고스 **Logos** 로 구성되는 아리스토텔레스의 설득의 세 가지 요소는 커뮤니케이션 강의에서 빠지지 않는 단골 소재이다. 아리스토텔레스는 화자의 합리적이고 공정한 성품(에토스)과 청중의 심리 상태를 파악하는 능력(파토스) 그리고 내용의 논리적 엄밀함(로고스)이 갖춰진다면 생각이 다른 사람을 설득할 수 있다고 보았다.[18] 아리스토텔레스는 모든 인간은 본성적으로 진리에 도달할 능력을 충분히 갖추고 있기에 참인 명제에 도달하기만 한다면 모두가 같은 생각을 하게 될 것이라고 보았다. 따라서 그의 수사학은 명증하게 짜인 로고스를 잘 전달할 수 있는 파이프라인을 만드는 것에 집중되어 있다.

그러나 실제 일상에서 벌어지는 커뮤니케이션에서 이 고전적인 수사법은 잘 적용되지 않는다. 왜 그럴까? 소통의 커뮤니케이션 역시 상대방과의 합의점을 찾기 위해 진행되는 것이 아니라 결과적으로 상대방을 조종하기 위해 이루어지는 것이기 때문이다. 다시 말해 소통의 커뮤니케이션은 합리적인 인간들이 진리에 닿기 위한 여정이 아니라 온갖 언어적, 비언어적 전략과 전술을 이용해 서로를 지배하려는 전쟁에 가깝다.

　지금 우리에게 요구되는 소통 능력이란 위계질서를 드러내지 않고도 나의 뜻을 상대방에게 관철하는 능력이다. 이것은 사실상 타인의 심리를 조작하는 방법을 익히는 것과 같다. 각기 다른 특징을 가지고 있는 사람들을 설득해야 하는 상황에서 자신의 계획대로 타인이 생각하고 행동하게 만들되, 그것을 그 사람이 폭력적으로 느끼지 않게끔 잘 포장하는 기술이 필요해진 것이다. 오늘날 소통의 커뮤니케이션은 수많은 언어적 표현과 비언어적 표현을 통해 승부가 결정되는 총력전이며 장기전이다. 교묘하게 타인을 조종하는 능력을 갈고닦는 사람이 많아질수록, 설득하고 설득당하는 '소통 전쟁'은 더욱 치열해진다. 서로의 심리를 조작해야 하는 이 소통 전쟁은 설득의 세 가지 요소를 동원해 참과 거짓을 가리는 것으로 승부가 나지 않는다. 전쟁에서는 승자와 패자가 있을 뿐이다. 합리적인 인간들의 조화롭고 평화로운 커뮤니케이션으로 묘사되는 소통에 덧씌워진 환상을 걷어내면 이렇듯 치열하게 펼쳐지고 있는 전쟁의 양상이 드러난다.

　소통을 지향하는 커뮤니케이션은 표면적으로 구성원들 사이의 조화를 추구하기에 명령의 커뮤니케이션보다 덜 폭력적이지만 한편으로 더 기만적이기도 하다. 소통이라는 단어를 사용하면 '사고 개조'를 위한 메시지를 '조화와 화합'을 위한 메시지로 위장할 수 있다. 그렇기에 강압적인 명령을 내리는 상급자에게는 대항할 수 있어도 소통하자는 상급자에게는 반기를 들기 어렵다. 소통의 커뮤니케이션도 종래에 달성해야 할 목표가 타인의 생각을 바꾸는 것이라면 그러한 시도는 갈등을 유발할 수밖에 없다. 원활한 소통이 이루어지는 집단은 마치 개개인의 자유로운 생각이 보장되는 집단처럼 보이지만 오히려 그 반대에 가깝다. 소통이 원활한 집단에서는 역설적으로 개인의 독창적인 생각이 허용되지 않는다. 서로의 뜻이 막힘없이 통하기 위해선 둘 중에 한 명은 자신의 뜻을 포기해야 하기 때문이다. 이제 소통이 왜 불통을 낳는지 그 이유가 드러난다. 강압적인 명령을 대체한 소통의 커뮤니케이션, 수평적인 관계에서 존중받는 것 같지만 자유로운 생각과 행동을 제한받는 처지, 눈에 보이는 강압적인 폭력에서 벗어났지만 어딘가 다시 폭력적인 상황에 놓인 듯한 느낌, 그럼에도 불만을 제기하지 못하는 상황. 이것이 소통의 시대에 사회 곳곳에서 불통이 발생하는 이유이다.

논의의 끝에서 "모두가 소통에 매달리지만 왜 불통이 더 많아질까?"라는 최초의 질문은 "모두가 소통에 매달리기 때문에 불통이 많아진다"로 맺어진다. 오늘날 소통이 중요한 과제로 대두된 것은 그만큼 이 시대의 커뮤니케이션에 삐걱거림이 심하다는 방증이다. 지금 우리는 위계질서가 말하는 명령의 커뮤니케이션

에서 벗어났지만 그 대신 더 세련되고, 기민하고, 교묘하고, 치밀

하게 벌어지는 소통 전쟁의 한복판에 놓여 있다.

3장

새롭게
정의하는
21세기의 철학

지옥 탈출 서사의 한국식 능력주의

- Target 7 : 능력주의 -

'틀렸다'는 '다르다'로, '옳다'는 '좋다'로 의미가 대체되면서 과거와 달리 개인의 가치관에 따라 세상을 바라보는 것이 가능해졌다. 이전 시대의 상식은 각기 다른 경험을 하며 자라난 세대에 의해 빠르게 교체되고 있다. 과거로 갈수록 사회는 비슷한 가치를 추구하는 사람들이 모여 사는 공동체의 성격이 강했지만, 오늘날에는 함께 모여 살더라도 세대와 계층에 따라 성향이 나뉘고 심지어 같은 세대와 계층 안에서도 각자 개인적인 가치를 추구하며 살아간다. 그래서 타인에게 자신의 가치관을 강요하는 것이 폭력적인 행위가 될 만큼 다양성은 현대사회의 핵심적인 가치이다.

그런데 다양한 가치들 사이의 부딪힘이 끊이질 않는 이 시대에, 놀랍게도 모든 세대의 모든 계층 사람들이 보편적으로 받아들이는 가치가 하나 있다. 바로 능력에 따른 보상이 보장되는 '능력주의'이다. 2018년 한국리서치가 발표한 「한국사회 공정성 인식조사 보고서」에 따르면 응답자의 66퍼센트는 "능력, 노력의 차이에 따라 보수의 차이는 클수록 좋다"라고 응답했다. 이 결과에 연령별, 소득별, 학력별 차이는 없었다.[1] 전 세대, 모든 계층에서 능력주의를 긍정하는 사람이 다수를 차지한 것이다. 한국 사회에서 능력주의는 곧 공정이자 정의를 뜻하는 말이 되었다.

개인의 능력에 따라 보상이 차등 지급되어야 한다는 능력주의의 슬로건은 직관적이고 합리적이다. 자본주의, 개인주의, 자유주의는 점점 더 세밀하고 엄격한 능력주의의 실현을 목표로 나아가고 있는지도 모른다. 능력주의를 확신하는 믿음은 쉽게 사라지지 않을 것이며 이것은 사회 전반에서 생산성을 높이는 최적의 분배 전략으로 사용될 것이다.

본래 능력주의는 출신, 성별, 인종을 비롯해 개인의 힘으로 바꿀 수 없는 조건에 의한 차별로부터 인류를 해방시켰다. 사람은 오로지 그가 가진 능력에 따라 대우받아야 한다는 믿음은 합리적인 사회로 나아가는 일종의 진보처럼 여겨졌다. 한국에서도 능력주의 사회로의 전환은 중요한 과제였다. 실제로 2013년 박근혜 정부 아래 고용노동부와 교육부의 주요 국정과제는 능력 중심 사회를 실현하는 것이었다. 일종의 유토피아처럼 묘사되던 능력주의 사회는 사람들의 상식이 실현되는 사회였으며 여기에 좌파와 우파 사이의 의견 차이는 없었다. 개인 간의 격차를 긍정하는 보수주의를 믿는 사람에게 능력주의는 순리였고, 사회적 약자나 빈곤층 문제에 더 많은 관심을 기울이는 진보주의자에게도 능력주의는 의심할 여지가 없이 받아들여졌다. 소시민이 배경에 상관없이 능력에 따라 보상을 받을 수 있는, 일명 '개천에서 용이 날 수 있는' 능력주의 사회는 진보주의자들이 꿈꾸는 낭만적인 사회였다. 어떤 진영에서도 문제를 제기하지 않았던 능력주의는 이제 묻지도 따지지도 않는 이상적인 체제가 되었으며 공정과 정의를 말할 때 가장 먼저 등장하는 척도가 되었다. 사회주의자나 이상주의자를 자처하지 않는 한 이 시대에서 능력주의에 반기를 들기는 어려워졌다. 우리에게는 개인의 성취를 제대로 평가할 시스템을 고도화하는 과제만이 남은 듯하다.

그렇다면 능력주의는 공정의 문제에서 우리가 선택할 수 있는 최선의 선택지일까? 더 정교한 평가 시스템을 갖출 수 있다면 사회는 더 공정하고 바람직한 방향으로 나아갈 수 있을까? 사회 곳곳에서 능력주의적 공정에 대한 요구가 빗발치지만 사실 이것은 최소한 경쟁의 규칙이라도 지켜달라는 절규에 가깝다. 공정의 문제에 가장 예민한 2030세대는 소수의 승자와 다수의 패자를 만들어내는 능력주의의 폐해를 몸소 경험한 세대이다. 기성세대의 추측과 달리 그들은 능력주의적 공정이 자신의 삶을 구원할 수 있으리라 믿지 않는다. 다만 능력에 따른 보상만이 그나마 유일하게 공정함을 담보할 수 있는 원칙이라 믿는 것뿐이다. 그렇기에 "어떤 이유에서 능력주의가 공정의 기준이 되었는가?"라는 질문과 "어떻게 하면 더 정교한 능력주의를 구현할 수 있을까?"라는 질문도 중요하지만, 능력주의를 거부할 수 없는 사회 구성 원리로 받아들였을 때 발생할 수 있는 문제 역시 심도 있게 다뤄져야 한다.

공정함의 잣대가 능력이 되는 순간, 우리는 새로운 문제에 직면하게 된다. 이에 관해서는 이미 여러 방면에서 우려의 목소리가 나오고 있다. 가장 대표적인 지식인은 정치철학자이자 미국 하버드대학교 교수인 마이클 샌델이다. 그는 자신의 저서 『공정하다는 착각』에서 미국의 능력주의 문제를 분석하며 개인의 능력만으로 성공이 결정된다는 낙관적인 믿음을 부수었다. 그의 논지를 살펴보고 이를 바탕으로 한국의 상황을 분석해 보자. 논의의 끝에서 공정이라는 이름 속에 숨겨진 능력주의의 어두운 모습이 드러날 것이다.

승자에게는 오만을, 패자에게는 굴욕을

출간되자마자 큰 반향을 일으킨 마이클 샌델의『공정하다는 착각』은 '아메리칸 드림'으로 일컬어지는 미국 사회의 능력주의가 어떤 병폐를 만들고 있는지 분석한다. 그는 소수 계층에 부와 명예가 집중되는 능력주의 사회가 능력 있는 자들은 오만과 피로감에, 하층민들은 좌절과 분노에 빠지게 만들며 민주주의를 위협하고 있다고 진단한다.

샌델은 "일정한 재능의 소유(또는 결여)를 순전히 각자의 몫으로 봐도 되는지"[2]에 대해 의문을 제기한다. 그의 주장에 따르면 개인이 성취를 이루는 데는 '운이 따라주는' 것도 큰 요인이다. 그의 논점을 한국식으로 예를 들면 많은 음식을 먹는 재능으로 큰돈을 벌어들이는 '먹방 BJ'를 들 수 있다. 그들은 1인 콘텐츠가 주목받는 시대에 태어나 활동했기에 인기를 얻으며 큰돈을 벌 수 있다. 만약 그들이 6.25 전쟁 직후의 한국에서 태어났다면 그 재능은 그 시대에 가질 수 있는 최악의 재능이었을 것이다. 그렇기에 먹방 콘텐츠로 큰 인기와 부를 얻는 사람들도 사실상 시대를 잘 타고난 운이 따랐다고 볼 수 있다.

마이클 샌델은 성공이 운에 좌지우지될 수 있다는 자각이 사람을 겸손하게 만든다고 말한다. 성공한 이들이 오만에 빠지는 것은 자신의 성취를 오롯이 자기 손으로 일궜다고 착각하기 때문이다. 마찬가지로 자신의 삶을 굴욕적으로 느끼는 사람은 실패가 전적으로 자신의 재능 부족과 게으름에 기인한다고 생각한다. 성공한 사람의 일대기가 극적인 영웅담으로 구전되며 우상화되는 능력주의 사회에서는 명백히 존재하는 출발선의 격차가 은닉된다. 동시에 실패를 마주한 사람에게 자신의 재능이 부족함을 받아들이거나, 불우한 환경에서 자랐다는 것을 인정하라고 강요한다. 하지만 이 두 가지 선택지 모두 모욕적이며 자조적이다.

결국 가혹한 현실 속에서 실패한 사람들은 좌절과 분노에 휩싸이게 되었고 그 결과 미국의 민주주의를 위협하는 트럼프라는 괴물에게 표를 던지게 되었다는 것이 병든 미국의 능력주의 사회를 취재한 마이클 샌델의 결론이었다. 그가 미국 사회에 요청하는 것은 성공한 자들의 오만을 경계하고, 좌절과 분노에 휩싸여 있는 사람들이 그들의 삶과 노동을 긍정하는 방법을 고민하자는 것이다. 마이클 샌델의 다급한 목소리는 태평양을 건너 한국까지 전해진다. 그런데 한국에서의 능력주의는 미국의 그것과 다른 측면이 있다.

지옥 탈출 서사로 작동하는
한국의 능력주의

미국의 능력주의가 '사회적 상승'의 서사를 중심으로 작동한다면 한국의 능력주의는 '지옥 탈출'의 서사를 중심으로 작동한다. 한국에서는 성공한 사람이든 실패한 사람이든 모두가 불안에 떤다. 세계에서 손꼽히는 고성장을 기록했던 시기에도 한국은 불가능을 가능으로 만든 '기적의 땅'이라고 불렸을지언정 '기회의 땅'이라고 불리진 않았다. 능력 있는 사람이 엄청난 부와 명예를 쟁취하는 성공 게임이 벌어졌던 미국과 달리 한국에서의 능력주의는 능력 있는 사람만이 살아남는 생존게임에 가까웠다. 이는 1997년에 닥친 외환위기로 더욱 확실해졌다.

경제성장률의 하락과 고용불안이 지속되면서 정규직이 되는 것이 최선의 생존법으로 자리 잡기 시작했다. 고단한 삶 속에서도 부모들은 자식을 대학에 보내 안정적인 직장에 취직시키는 것을 양육의 목표로 설정했다. 이는 곧바로 한국의 엄청난 교육열로 나타났다. 「OECD 교육지표 2020」에 따르면 대학 이상의 학력을 가진 이들의 비율을 뜻하는 '고등교육 이수율' 통계에서 2019년 기준 한국의 청년층(25~34세) 고등교육 이수율은 69.8퍼센트로, OECD 국가 중 상위권(2위)을 차지했다. 시험 성적으로 지옥 탈출의 순서가 매겨지고 학생들은 차례차례 안정적인 정규직 일자리라는 대피소로 이주했다. 이런 상황에서 한국의 능력주의는 생존게임의 규칙을 좀 더 명확하게 만드는 데 초점이 맞춰졌다. 한국의 명문대는 미국의 명문대처럼 글로벌 기업의 창업주를 키우는 요람의 역할을 하지 못했다. 미국의 아이비리그에 속한 대학교의 졸업장은 오만해질 정도의 성취를 보장할지 모르지만, 한국 명문대의 졸업장은 좀 더 빨리 안전하게 생존할 수 있는 대기업 정규직 입사를 약속하는 정도일 뿐이었다. 지금은 그마저도 힘들어졌지만 말이다.

미국의 능력주의가 오만한 승리자와 좌절에 빠진 패배자를 만들어내고 있다면, 한국의 능력주의는 안심하지 못하는 승리자와 좌절에 빠진 패배자를 만들어내고 있다. 지금 한국에서는 점점 더 많은 사람이 안정적인 삶에 대한 확신을 잃어버리고 있다. 혼자 살아남기도 어려운 사회에서 청년들은 "가난을 대물림하지 않겠다"라고 말하며 결혼을 포기한다는 절박한 선언을 하고 말았다. 끝없는 경쟁 속에서 살아남아 대기업에 입사한 청년들도 정년 퇴임은 꿈도 꾸지 않을 정도이니 한국 사회에 퍼져 있는 불안감의 정도는 꽤나 심각하다. 월급이 많지 않아도 정년이 보장되는 공무원과 공기업의 인기가 점점 높아져 왔다는 사실은 한국 사회에 퍼진 공포감의 정도를 잘 보여준다. 오만한 엘리트조차 만들어내지 못하는 한국에서의 능력주의는 뒤틀리고 있다. 지금 한국에서는 '누가 저 열매를 차지할 것인가?' 하는 문제보다 '누가 구렁텅이에서 먼저 빠져나올 자격이 있는가?'가 더 중요한 문제가 되어버렸다. 한국에서는 능력주의의 고전적 문제, 즉 출발선이 다르다는 문제보다 '왜 국가 마음대로 불행에 빠진 사람을 구해주느냐?' 하는 문제가 더 중요한 이슈가 되어버리고 말았다.

2020년 6월, 이러한 한국 사회의 단면을 적나라하게 보여주는 사건이 발생했다. 인천국제공항공사(이하 인국공)는 비정규직인 보안검색요원 1,902명을 자사 정규직으로 직고용하겠다고 발표했다. 인국공은 2018년부터 취업준비생들이 가장 취업하고 싶은 공기업 1위로 뽑혔다. 공공기관 경영정보 공개시스템 '알리오'에 공시된 자료에 따르면 인국공의 신입 연봉은 4589만 원으로 공기업 중에서 가장 높다. 또한 기반 시설을 주로 담당하는 공기업이 지방에 있는 것과 달리 수도권에 있는 인국공은 접근성도 좋다는 장점이 있다. 이를 반영하듯 2019년 상반기 인국공의 채용형 인턴 사무직 경쟁률은 187 대 1을 기록할 정도로 엄청난 경쟁률을 보였다. 이런 상황에서 인국공에서 진행된 비정규직의 정규직 전환 문제는 당연히 뜨거운 감자로 떠오를 수밖에 없었다. 우리가 여기서 짚어볼 문제의 핵심은 청년들이 어떤 지점에서 분노했느냐는 것이다.

청년들이 분노한 이유를 엿볼 수 있는 흥미로운 여론조사가 있었다. 보안검색요원의 정규직 전환에 공기업 취업준비생 1,024명 중 80.6퍼센트가 반대했다. 반대의 이유는 첫 번째 '비정규직의 정규직화는 노력하지 않은 사람의 무임승차'(63.6%), 두 번째는 '신입 채용 인원 감소 우려'(16.5%), 세 번째는 '기존 정규직에 불이익 우려'(11.6%)였다.[3] 여기서 주목할 사실은 공기업 취업준비생들은 정작 비정규직의 능력을 문제 삼지 않았다는 점이다. 비정규직의 정규직화 논란은 능력주의 사회의 원칙에 어긋나는 이슈처럼 보였지만 사실 그 속을 파고 들어가 보면 능력에 관한 지적은 없었다. 이 문제에서 핵심은 "저들이 그럴 만한 능력이 있습니까?"가 아니라 "저들이 우리만큼 고생을 했습니까?" 하는 것이었다. 즉, '능력에 따른 보상'이 아니라 '고통에 따른 보상'이 인국공 사태에서 드러난 한국식 능력주의의 핵심 쟁점이었던 것이다. 고통을 온전히 감수하며 주어진 관문을 통과한 사람만이 보상을 얻어야 한다는 믿음. 이것이 지금 한국 사회에서 말하는 공정이다. 그렇기에 인국공 비정규직의 정규직화 문제는 더 슬프게 다가온다.

한국의 능력주의에는 사회적 상승 서사는 사라지고 지옥 탈출 서사만이 남았다. 엄격한 능력주의가 공정하다는 믿음은 실패한 이에게 책임을 떠넘기는 것을 넘어 생존권 보장을 위한 도움의 손길에도 마땅한 근거를 요구하고 있다. 출발선의 불공평함을 논하기 이전에 실의에 빠진 사람을 돕는 행위를 무임승차로 규정하고 비판하는 것에 시선이 쏠려 있는 한국 사회는 점점 더 차가워지고 있다.

4차 산업사회에서
능력주의의 붕괴

능력주의에 대한 문제점이 다각도로 지적되고 있음에도 능력에 따른 보상의 패러다임은 굳건하게 유지되고 있다. 오히려 여론은 편법과 부정을 저지르는 사람을 걸러내는 공정한 경쟁 시스템과 개인의 능력과 기여도를 합당하게 평가할 수 있는 기준을 만들어야 한다는 주장에 힘을 실어주고 있다. 경쟁력을 갖추려는 노력에 합당한 보상이 약속된다면 능력주의는 비판 속에서도 유지될 것이다. 하지만 만약 개개인이 가진 능력의 우열을 가리는 것이 점점 더 무의미해진다면 어떨까? 다가올 4차 산업사회에서 예상되는 문제는 바로 인간이 가진 능력이 점점 진부해진다는 사실이다. 이미 인간의 육체노동은 물론 정신노동까지 대체하는 기술들이 미래산업을 이끌 선도 기술로 채택되어 개발되고 있다.

제조 산업에서 공정의 자동화가 가속화됨에 따라 단순 작업을 반복하는 육체노동의 가치는 점점 하락하고 있다. 최근에는 독자적인 판단력을 탑재한 기계의 등장으로 인간의 정신노동까지도 절대적 지위를 위협받고 있다. 인간은 창조적 사고를 할 수 있는 유일한 존재로서 같은 종끼리만 경쟁하며 능력을 겨뤄왔지만 인공지능이 등장함으로써 게임의 판이 흔들리고 있다. 4차 산업사회에서 고도화된 기계가 인간의 노동을 대체하는 시점이 오면 인간의 육체적, 지적 능력은 점점 저평가될 것이며 이에 따라 능력주의적 공정은 힘을 잃을 것이다.

　　인간의 지적 능력이 진부해지는 과정은 인간의 육체적 능력이 진부해졌던 과정과 닮았다. 산업사회 초기에 공장 주인의 가장 큰 고민은 "숙련공들을 어떻게 관리해야 하나?" 하는 문제였다. 당시에는 공장의 관리 시스템이 제대로 구축되지 않았기 때문에 숙련된 작업자들의 근무 태도에 개별 공장의 생산성이 달려 있었다. 그야말로 숙련된 육체노동자의 영향력이 막강했던 것이다. 하지만 프레더릭 테일러의 '과학적 관리법' 아래 공장의 시스템은 획기적으로 변했다. 그는 공정을 모두 기계로 표준화하고 노동을 시간과 동작 단위로 쪼개어 단순화했다. 작업을 과업 단위로 분류하고, 과업을 수행할 적합한 작업자를 체계적으로 선발했다. 선발된 작업자들을 데리고 각각의 과업을 가장 효율적으로 수행할 수 있는 시간 및 동작 연구를 진행했다. 이러한 연구를 통해 최상의 효율을 내는 방법을 표준화했고 이를 업무 지침으로 만들어 다른 노동자들을 교육했다.

테일러의 과학적 관리법은 숙련공만이 할 수 있었던 일을 숙련공들의 손에서 빼앗아 누구나 할 수 있는 단순하고 대체 가능한 행위로 만들었다. 이 과정에서 숙련공은 공장의 생산성을 좌지우지하던 지위를 상실했다. 이렇게 등장한 테일러주의 **Taylorism**는 이후 조립라인을 통한 대량생산으로 대표되는 포드주의**Fordism**와, 인간에 대한 불신이 전제된 포드주의를 보완하여 노동자의 권한을 높인 포스트포드주의**Post-Fordism**로 이어졌다. 그리고 현대에 이르러서는 완전 자동화를 지향하는 스마트팩토리로 나아가고 있다.

자동화된 공장이 인간의 육체노동을 대체해 왔다면, 현재 도입되고 있는 인공지능은 인간의 정신노동 또한 충분히 대체될 수 있다는 사실을 증명하고 있다. 미국의 유명 헤지펀드 창업자들은 인공지능이 급부상하자 짐을 싸서 회사를 떠났다. 경쟁이 격화되는 시장에서 수익률이 높고 군말 없이 열심히 일하는, 다루기 쉬운 인공지능이 인간 전문가들을 밀어내고 있는 것이다. 미국 조사업체 헤지펀드리서치**HFR**에 따르면 2019년 1분기에 사업을 접은 헤지펀드는 213개로, 신규 설정된 136개보다 더 많았다. 반면 인공지능과 빅데이터를 활용한 소위 '퀀트 펀드'는 눈에 띄는 성장세를 보여주고 있다. 대표적인 퀀트 펀드 투자사인 '투시그마'의 경우 전체 직원의 60퍼센트가 금융 분야에 경력이 없는 사람들이다. 대신 수학 올림피아드 메달리스트 15명을 포함해 수학 및 인공지능에 능통한 사람들이 주류를 이루고 있다.[4]

이 사례는 인간의 정신노동이 왜 위험에 처하는지를 잘 보여준다. 펀드 운용뿐만 아니라 데이터에 근거해 최선의 판단을 내려야 하는 직업에서 인간의 직관이나 경험, 노하우와 같은 것들은 오히려 데이터 해석에 왜곡을 만드는 장애 요소로 전락하고 있다. 그에 반해 생명체가 갖는 육체적, 정신적 변수가 없는 인공지능은 판단의 착오 없이 데이터에 근거한 결괏값을 도출할 수 있다는 경쟁력을 갖는다. 또한 인간은 인식할 수 있는 데이터가 한정적이어서 잘 추려진 정보에서 가장 보수적인 결론만을 추론할 수 있다는 한계가 있다. 즉 인간은 제공된 자료의 품질이 일정 기준을 충족해야만 그동안의 경험에 비추어 그 자료가 시사하는 내용을 파악할 수 있지만, 인공지능의 경우는 다르다. 인공지능은 양질의 데이터뿐만 아니라 쓸모없는 데이터까지 방대하게 읽어내면서 그 사이에 숨겨진 패턴을 찾아낼 수 있다. 마치 알파고가 이때까지 바둑의 역사에서 존재하지 않았던 수를 둔 것처럼 말이다. 기존의 정보에는 나와 있지 않은 새로운 지식을 만들어내야 하는 지적 노동의 시장에서 이제 경쟁은 인간들만의 것이 아니다. 인공지능이 지적 노동 시장에 뛰어들면서 시장의 판도는 달라지고 있다. 의사, 변호사, 세무사, 회계사 등 오늘날 주목받는 전문직들이 오히려 미래에는 위기에 처할 수 있다는 예측이 쏟아져 나오고 있다. 이들의 업무가 대부분 데이터에 근거해서 판단을 내리는 일이기 때문이다.

물론 단시간 안에 인공지능이 전문직을 완전히 대체하는 것은 불가능할 것이다. 그러나 인공지능이 빅데이터를 해석하는 역할만을 제한적으로 담당한다고 하더라도 인간은 인공지능이 제시한 결과를 거부하고 자신의 판단을 고수하기 어려울 것이다. 이는 상당한 책임을 떠맡는 위험한 선택이다. 따라서 꼭 진료실에 로봇이 앉아 있어야만, 법원에서 컴퓨터가 대신 판결을 내려야만 인간의 정신노동이 대체되는 것은 아니다. 정신노동의 일부를 떼어내 인공지능에 차례차례 인계하는 과정에서 인간의 역할은 인공지능이 제공한 정보를 검수하거나 그것으로부터 도출되는 결론을 확인하는 역할 정도로 축소될 것이다. 이는 마치 공장의 지배자였던 숙련공의 작업이 세세하게 분화되어 언제든지 대체 가능한 행위로 바뀌었던 과정과 비슷하다. 이렇게 하나둘씩 인간의 정신노동을 대체하게 될 인공지능은 종래에는 완전 자동화를 지향하는 공장처럼 사실상 인간의 지적 능력을 유명무실하게 만들 수 있다.

　능력주의적 공정은 개개인의 능력이 차등적인 보상을 줄 만큼 차이가 난다는 것을 전제로 한다. 하지만 노동시장이 신기술을 다루는 극소수의 인간과 직업을 잃어버린 대다수의 인간으로 양극화된다면 능력에 따른 보상의 공정은 사실상 무의미해진다. 지금의 인류는 역사상 그 어느 때보다 많은 수의 인간이 그 어느 때보다 뛰어난 역량을 가지고 경쟁하고 있다. 하지만 이와 동시에 인간의 수준을 상회할 인공지능과의 경쟁을 앞두고 있다. 이러한 추세라면 능력주의적 공정에 대한 요구는 곧 최고점을 찍고 점점 하향곡선을 그릴 것으로 보인다. 인간끼리 벌이는 경쟁에 산업의 패러다임을 바꿀 신기술을 탑재한 기계들이 참전하는 순간, 능력에 따른 분배의 패러다임은 유지되기 어렵기 때문이다. 이런 점에서 오늘날 능력주의가 거부할 수 없는 공정의 원칙으로 자리 잡았다고 할지라도 미래에도 그 지위가 유지될 것이라 단언할 순 없다.

　우리의 삶은 전적으로 우리 자신에게 맡겨져 있지 않다. 행운도 마찬가지지만 불운도 마찬가지이다. 우리는 코로나19라는 전염병을 통해 그 사실을 경험했다. 오프라인 공간이 주무대였던 기업과 가게는 단번에 위기에 처했다. 그들에게 닥친 불행은 전혀 예측할 수 없는 것이었으며 그들의 능력 혹은 노력과는 완전히 별개의 문제였다. 코로나19와 같이 전 세계를 휩쓴 전염병과 기후 변화로 발생하는 위험들, 4차 산업으로의 전환으로 인해 줄어드는 일자리와 상대평가가 궁색해질 만큼 점점 더 진부해지는 인간의 능력, 그리고 고령화와 출산율 저하로 인한 급격한 인구구조의 변화까지. 예측할 수 없는 거시적 차원의 문제도 개인에게 책임을 지운다면 한국은 그야말로 전 국민이 참여하는 비극적인 생존게임의 현장이 될 것이다. 자신이 가진 능력이나 노력과 별개로 삶의 절체절명의 위기가 닥칠 수 있다는 것을 이제는 깨달아야 한다. 게다가 인류에게는 인간들끼리의 경쟁을 무색하게 만들 게임 체인저가 본격적인 참전을 앞두고 있다는 큰 문제도 기다리고 있다. 그러니 더 늦기 전에 능력주의의 지속가능성에 대해 의문을 제기해야 하지 않을까?

철학자가 통치하는
4차 산업사회
- Target 8 : 민주주의 -

민주주의는 때때로 우리에게 회의감을 안긴다. 개인의 자유권, 평등권, 다수결의 원리, 법치주의와 같은 원칙을 지키기 위해 뭘 하든 버벅거리기 때문이다. 좀 더 효율적으로 민주주의를 실현하고자 도입된 대의 민주주의도 오히려 우리의 속을 더 까맣게 태운다. 곪아 터져 매년 반복되는 문제를 해결하려 할 때도 첨예한 이해관계를 접착제로 밟은 듯, 한 발자국도 쉽게 나아가지 못하는 국회를 보면서 가끔은 이런 생각이 든다. "이럴 거면 차라리 소수의 엘리트가 국가를 운영하는 편이 낫지 않을까?"

민주주의와 대척점에 있는 엘리트주의는 소수가 권한을 독점한다는 점에서 위험하지만 더 효율적인 의사 결정이 가능하다는 장점이 있다. 그렇기에 현대 민주주의 사회에서도 특정 분야에서는 엘리트주의에 입각한 의사 결정이 이루어진다. 예를 들어 의사는 의료 행위에서 독점적인 권리를 갖는다. 누구도 의사의 진단 없이 전문의약품을 처방할 수 없다. 아무리 내 몸에 대해서 잘 안다고 주장해도 임의로 전문의약품을 처방하고 복용하는 건 불가능하다. 의사와 같이 국가공인자격증이 있는 사람에게만 권한을 주는 직종은 모두 엘리트주의적인 성격을 갖는다고 볼 수 있다. 우리는 의료, 사법, 행정, 외교 등을 포함해 전문성을 필요로 하는 특정 분야에서 엘리트들에게 권한을 넘기는 것에 동의한다. 그렇다면 정치는? 정치야말로 가장 전문성을 필요로 하는 분야가 아닌가? 엘리트를 양성해서 정치적 권한을 넘겨준다면 사회는 더 효율적으로 발전할 수 있지 않을까? 약 2,500년 전에도 이런 생각을 한 사람이 있었다.

엘리트에게 정치를 맡겨라, 플라톤의 철인정치

그 주인공은 바로 플라톤. 플라톤은 아테네의 민주주의를 보면서 민주주의는 비효율적이고 멍청한 결과를 만들어낸다고 생각했다. 그의 스승인 소크라테스가 시민들에 의해 죽었다는 점을 떠올리면 그가 민주주의를 중우정치, 선동, 야합, 분열과 반목, 정치 주도권을 잡기 위한 외세와의 결탁, 전쟁 사주, 이적행위, 부정부패의 온상으로 보았던 것도 이해가 된다. 플라톤은 민주주의 대신 철학자 왕인 철인왕**哲人王**에 의한 '철인정치'를 해야 한다고 주장했다. 그렇다면 그가 생각하는 철학자 왕은 어떤 자질을 갖춘 사람이었을까? 플라톤은 『국가론』에서 소크라테스의 입을 빌려 철인왕의 자질을 말한다.

● ○

소크라테스: 결국 철학은 선천적으로 기억력이 좋고 이해력이 빠르고 도량이 넓고 우아하고 진리와 용기 및 절제를 사랑하는 그런 종류의 사람이 아니고는 충분히 배울 수 없는 학문이네. 자네는 이에 대해 의견이 있는가?

글라우콘: 모모스(비난의 신-역주)도 군소리를 못 할 것입니다.

소크라테스: 그럼 우리는 그와 같은 사람이 교육을 받고 성장하여 그 모든 자질을 갖췄을 때 그런 사람들에게 나라의 통치를 맡겨야 하지 않겠나?[5]

플라톤이 정의하는 철학자는 참된 실재를 알고 진-선-미에 입각하여 법 제정의 필요성을 아는 사람[6], 진실성을 가지고 육체적 쾌락에서 자유로울 수 있는 사람[7]이며 공정하고 온유한 마음을 갖고 있는 사람[8]인 동시에 균형이 잡힌 올바른 정신을 지닌 사람[9]이다. 플라톤은 가장 우수한 인재 집단을 선발하여 유년기부터 대략 50세가 될 때까지 공동으로 교육하여 국가의 정치를 맡기는 엘리트 정치를 꿈꿨다. 플라톤의 생각대로 국가가 공동 양육을 통해 학연, 지연 심지어는 혈연에 얽매이지 않는 뛰어난 인재들을 선발, 양성해서 정치를 맡기면 국가는 더 발전하지 않을까? 플라톤의 엘리트 선발 과정을 현대적으로 바꿔서 정치 엘리트를 선발한다면, 우리는 그들에게 정치적 권한을 넘기는 상상도 해볼 수 있지 않을까?

그러나 만약 플라톤의 엘리트 정치를 현대적으로 구현한다고 할지라도 결말은 비극일 것이다. 왜냐하면 엘리트들이 이룩해야 할 국가의 발전이라는 것이 무엇인지 정의 내릴 수 없기 때문이다. 경제적으로 더 풍요로워진다면 국가가 발전한 것일까? 아니면 분배가 잘 이루어져 사람들이 더 평등해지는 것이 발전일까? 그것도 아니라면 전쟁을 일으켜 다른 국가를 지배할 수 있는 강력한 힘을 갖는 것일까? 개인과 집단의 도덕성이 충만해지는 것은 어떨까? 국가의 발전이란 무엇인가라는 질문에는 셀 수 없이 많은 답변이 가능하다. 그리고 그 속에는 양립할 수 없는 의견도 분명 존재한다. 만약 충분한 정치 역량을 갖춘 엘리트들을 양성했다 하더라도 우리는 그들에게 국가의 발전에 대한 방향성을 명확히 제시하기 어렵다. 정답이 정해져 있는 객관식 문제가 아니라 가치관이 개입되는 서술형 문제이기 때문이다. 발전에 대한 정의가 개인의 가치판단에 따라 달라질 수 있다는 점에서 소수의 엘리트에게 정치를 맡기는 것은 위험하다. 독재의 역사가 비극적 상처로 기록되는 것은 독재자들이 그 자신이 생각하는 이상을 실현하겠다는 명목으로 수많은 사람의 권리를 짓밟았기 때문이다.

이런 점에서 "국가 발전을 위해서 엘리트 정치를 하는 게 더 낫지 않나?" 하는 생각은 위험하다. 민주주의 사회에서 발생하는 비효율을 문제 삼아 엘리트의 통치를 그리워하기 시작하면 우리는 다시 비극에 빠질 수밖에 없다. 그렇기에 민주주의는 넘쳐나는 비효율과 삐거덕거림 속에서도 유지, 보수되어 가며 의심받지 않는 사회의 기본 구성 원리로 자리 잡고 있는 것이다. 그런데, 당연한 상식으로 자리 잡은 민주주의를 뒤흔들 변화가 목격되었다. 미래 기술의 선두에 있는 기업가의 '인공지능 시대의 리더 육성 프로젝트'로 현대판 철인왕이 양성되고 있었던 것이다.

인공지능 시대에
필요한 리더의 역량은?

테슬라 CEO 일론 머스크 **Elon Musk** 의 자녀들은 실리콘밸리에서 IT 전문가가 되기 위한 교육을 받고 있었다. 그런데 실제로 인공지능을 이용해 사업을 하는 일론 머스크는 이런 교육으로는 자녀들을 미래의 리더로 키울 수 없다고 판단했다. 그래서 그는 결단을 내렸다.

2014년 일론 머스크는 '별을 넘어서'를 뜻하는 '애드 아스트라 **Ad Astra**'라는 이름의 학교를 세웠다. 그리고 자녀들을 입학시켰다. 그는 자신의 자녀와 주변 지인들의 자녀까지 총 31명을 입학시킨 뒤 미래지향적인 커리큘럼을 기획해 아이들을 교육했다. 자녀 교육을 위해 학교를 직접 세웠다는 것도 놀랍지만 그 학교에서 아이들에게 가르치는 내용이 더욱 놀라웠다. 애드 아스트라에서 윤리를 가르치고 있었던 것이다! 아주 오래전에 존재했던 철학 교육이 2014년 애드 아스트라에서 부활했다.

일론 머스크가 자녀들에게 윤리 교육을 한 이유는 이러하다. 미래에는 인간이 할 일을 인공지능에 모두 넘겨주게 될 테니 미래의 인간은 인공지능의 도입으로 발생하는 윤리적 문제에 적절하고 신속한 판단을 내리는 역할을 해야 한다는 것이다. 이 학교는 현재는 '아스트라 노바'로 이름을 바꾸고 인공지능 시대의 리더를 양성하고 있다. 아스트라 노바의 교장인 조슈아 댄**Joshua Dahn**의 인터뷰를 통해 이 특별한 학교에서 어떤 교육이 진행되는지 엿볼 수 있다. 조슈아 댄은 "아스트라 노바에서는 언어나 음악, 체육 등을 가르치지 않는다"라고 말하며 그 대신 온라인 로봇을 만들고 핵 관련 정책 토론을 한다고 밝혔다. 그는 인간과 인공지능이 협업하는 2030년이 오면 인공지능이 지식과 기술을 제공하고 인간은 판단을 내리는 존재가 되어야 한다고 강조했다. 인간이 '옳고 그름'을 결정하는 역할과 나쁜 인공지능을 관리하는 역할을 담당해야 한다는 것이다. 또한 아스트라 노바에서 키우고자 하는 인재는 인공지능 시대에서 발생하는 윤리적 문제에 대해 빠르고 정확하게 선택을 내릴 수 있고, 자신의 결정에 많은 사람의 동의를 이끌어낼 수 있는 사람이라고 답했다.[10]

그렇다면 이 학교에서 학생들은 미래 사회를 어떤 모습으로 가정하고, 어떤 문제에 대해서 토론하고 있을까? 직접 아스트라 노바를 방문한 미래학자 피터 디아만디스**Peter Diamandis**가 《허핑턴 포스트》에 기고한 글에 의하면 아스트라 노바에서는 기술적 효용과 윤리적 가치 사이에서 적절한 판단을 내리는 교육을 하고 있었다. 예를 들면 "어느 시골 마을에 공장이 있는데, 이 마을 사람들은 모두 이 공장에 고용되어 있다. 그런데 공장 때문에 호수는 오염되고 생명체들은 죽어간다. 공장 문을 닫는다면 모든 마을 사람이 실업자가 된다. 반대로 공장을 계속 가동하면 호수는 파괴되고 생명체는 죽음에 이른다. 어떻게 하는 것이 좋은가?" 하는 것이 토론 주제 가운데 하나이다.[11]

기존의 윤리 교육은 한 명 한 명의 개인을 어떻게 도덕적인 인간으로 만들 것인가에 초점이 맞춰져 있었다. 개별적인 윤리 교육을 통해서 도덕적인 사회를 만드는 것이 기존 교육 시스템의 지향점이었다면 아스트라 노바의 윤리 교육은 지향점 자체가 다르다. 인공지능을 탑재한 기술은 사회 인프라의 작동을 담당하며 인간 삶에 광범위한 영향을 미칠 것이다. 그렇기 때문에 인공지능 시스템을 관리하는 인간 리더는 스스로가 윤리적인 인간으로 거듭나는 것뿐만 아니라 많은 사람이 동의할 수 있는 윤리적 판단을 내리는 능력이 필요하다. 그렇기 때문에 일론 머스크는 인공지능 기술의 도입으로 미래에 발생할 거라 예측되는 문제에 적절한 판단을 내릴 수 있는 리더 양성 교육을 고안한 것이다. 아스트라 노바의 커리큘럼은 마치 장차 국가를 이끌 왕을 키우는 왕정 시대의 후계자 교육 과정을 보는 듯하다.

그렇다면 가까운 미래 인류에게는 정말 윤리적 문제의 판단을 담당하는 '현대판 철인왕'이 필요하게 될까? 인공지능 기술의 현황과 관련된 철학적 문제를 살펴본다면 철학적 리더의 필요성 여부를 확인할 수 있을 것이다. 현재 인공지능 기술은 도입 단계에 와 있다. 지금까지의 인공지능 관련 이슈는 이 기술을 얼마나 빨리 발전시키느냐에 있었지만, 이제부터는 이 기술을 어떻게 현실에 적용하느냐가 중요해지고 있다. 인공지능을 탑재한 기계와 각종 서비스는 인간의 삶에 큰 변화를 가져올 것으로 예측된다. 그중에서도 특히 인간의 개입 없이 스스로 운행하는 자율주행차는 전 세계적인 투자와 개발로 상용화가 점점 더 앞당겨지고 있다. 인간의 일상에 직접적이고 혁신적인 변화를 가져올 이 기술을 예시로 철학적 리더의 필요성 여부를 따지는 물음에 좀 더 구체적으로 접근해 보자.

지금까지의 자율주행 기술은 3단계 자율주행 기술로 앞뒤 간격과 차선 간격을 유지하는 정도로 인간 운전자의 주행을 도왔다. 인간의 개입을 필요로 하는 3단계에서 일정 구간에서는 인간의 개입을 필요로 하지 않는 4단계로 나아가기까지는 꽤 많은 시간이 필요하다는 예측이 지배적이었다. 하지만 4단계 자율주행 기술은 벌써 도입되기 시작했다. 먼 나라의 이야기가 아니다. 바로 2021년 서울에서 벌어지는 일이다. 서울시는 2021년 7월 중으로 자율주행차 상용화를 위한 조례 최종 통과를 마무리하고 하반기부터 상암동 일대에서 자율주행차 운영을 담당할 기업을 선정하겠다고 발표했다. 그리하여 수요자가 차량을 호출해 원하는 곳에서 승하차할 수 있는 수요 응답형 서비스를 갖춘 자율주행차를 올해 최대 14대, 내년에는 최대 26대를 추가 투입하기로 했다.[12]

한국뿐만 아니라 미국에서도 4단계 자율주행차 상용화에 속도가 붙고 있다. 2021년 6월 4일(현지 시각) '더 로봇리포트'에 따르면 미국 GM의 자율주행차 자회사인 크루즈Cruise는 캘리포니아 공공 유틸리티 위원회California Public Utilities Commission, CPUC로부터 캘리포니아주에서 최초로 자율주행차 승객 서비스 시범 운행을 승인받았다. 이것으로 크루즈는 CPUC 관할구역 내에서 자율주행차를 운행하며 승객에게 서비스를 제공하는 동시에 자사의 기술을 실제 생활에 적용, 보완할 기회를 얻게 되었다.[13]

현재 도입된 자율주행 기술은 한정된 구간에서만 운행되는 수준이지만 어쨌든 인간의 개입 없이 알아서 움직이는 자동차가 본격적으로 등장했다는 건 놀라운 사실이다. 구현까지 한참 걸릴 것이라는 예측이 무색해질 정도로 기술의 발전은 빠르게 진행되고 있다. 물론 완전한 의미의 자율주행차가 운행되려면 자동차에 탑재된 자율주행 시스템뿐만 아니라 도로에도 첨단 인프라가 구축되어야 하고 실시간 정보 교류를 위한 통신기술의 혁신과 인프라 구축도 필요하다. 이러한 한계로 지금은 주변 환경의 통제가 가능한 일정 구간 내에서만 운행이 가능한 것이다. 앞으로 보완해야 할 점들이 남아 있다 하더라도 기술적으로만 본다면 완전 자율주행차는 거의 완성 단계에 가까워지고 있다.

　　이제 남은 과제는 자율주행차를 도로에 내보냈을 때 발생할 수 있는 윤리적 문제를 해결하는 것이다. 그것은 "완전 자율주행차의 주행에 어떤 기준과 원칙을 부여할 것인가?" 하는 문제다. 도로에서는 예측할 수 없는 문제가 많이 발생한다. 일반적인 상황에서는 정해진 규칙에 따라 주행하면 되지만 돌발상황에서는 쉽게 선택을 내리기 어렵다. 예를 들어 왕복 2차선 도로에서 역주행하며 빠르게 달려오는 차를 피하기 위해 핸들을 돌리면 행인들을 치어 치명상을 입히게 되고, 그대로 정면충돌하면 나를 포함한 가족들과 상대 운전자의 목숨이 위태롭다. 이런 딜레마 상황에서 우리는 어떤 선택을 내려야 할까? 딜레마는 정답이 없는 상황을 전제하기 때문에 무조건 옳은 선택은 없다. 사실상 딜레마 상황에 대한 정답은 유보될 수밖에 없으며 개별 사건에 대한 사후평가만이 가능할 뿐이다. 그러나 자율주행 시스템에 기준과 원칙을 부여하는 것은 유보할 수 있는 문제가 아니다. 불가피한 상황에서 나의 판단에 따라 피해를 입는 것과 자율주행 시스템의 독자적인 판단에 따라 피해를 입는 것은 동일하게 다뤄질 수 없는 문제이다. 자율주행차가 스스로의 판단으로 도로를 누비게 하기 위해서는 딜레마 상황에서도 따를 수 있는, 인간들의 합의로 만들어진 기준과 원칙을 부여해 주어야만 한다.

독자적으로 판단하는 인공지능이 문제 상황에서 지켜야 할 가이드라인을 만드는 일은 깊이 있는 논의와 사회 구성원들의 합의가 필요한 문제이다. 그러나 현실에서는 여유를 부리며 의사 결정을 하는 것이 불가능하다. 미래 먹거리를 쟁취하기 위한 기업과 각국의 정부는 시장을 선점하기 위해 모든 문제를 제쳐 두고 기술을 빨리 도입하는 것에 혈안이 되어 있다. 이렇다 보니 자율주행차와 관련된 논의는 이 신기술을 하루빨리 도로 위에 내보내기 위한 보험 문제를 포함한 법적 문제에만 집중되고 있다. 다시 말해 자율주행차에 관련된 철학적, 윤리적 문제는 건너뛰고 있는 상황인 것이다. 결국 이 기술과 관련된 문제는 '합의'의 문제가 아니라 소수의 전문가 집단이 결정을 내리는 '선택'의 문제가 되어가고 있다. 시장을 선점하기 위해 신기술을 하루빨리 도입해야 하는 상황에서 다수의 사회 구성원들의 윤리적 기준을 만족시킬 정답이 존재하지 않는다면, 이에 대해 신속한 판단을 내리는 '현대판 철인왕'에 대한 수요가 생겨날 수 있다. 일론 머스크가 세운 아스트라 노바는 바로 이 상황을 예측하고 세워진 학교인 것이다.

현대판 철인왕이 두려운 이유

혁신 기술을 빠르게 도입하기 위해 신속하고 적절하게 윤리적 판단을 내리는 훈련을 받은 인간 리더에게 결정권을 넘기는 것이 무슨 문제냐는 반론이 있을 수 있다. 이 반론의 기저에는 빅데이터를 바탕으로 설계된 인공지능은 데이터에 근거하여 판단하기 때문에 편견에 빠지지 않고 중립적으로 작동할 거라는 기대가 깔려 있다. 철학적 리더는 중립적인 인공지능이 작동하는 데 있어 기껏해야 딜레마 상황에서 그나마 많은 사람이 납득할 만한 선택지를 고르는 정도의 역할만을 담당하게 될 테니 크게 염려할 필요가 없다는 것이다. 그런데 유감스럽게도 인공지능의 판단은 경우에 따라 중립적이지 않을 수 있으며 더 나아가서는 제작자가 원하는 결과를 현실에 반영할 수도 있다.

『대량살상수학무기』의 저자인 데이터 과학자 캐시 오닐은 책에서 빅데이터가 어떻게 불평등을 확산하는지를 추적한다. 미국에서는 재범률이 높다는 이유로 흑인과 히스패닉계 범죄자에게 통계적으로 더 가혹한 형벌이 가해졌다. 인종에 따라 양형이 달라지는 것을 막기 위해 미국의 24개 주의 법원은 '재범위험성 모형recidivism models'을 도입했다. 이 모형의 도입으로 판사는 피고인의 재범률을 객관적으로 파악할 수 있기에 인종에 상관없이 중립적인 판결을 하게 되리라는 기대가 있었다. 하지만 재범위험성 모형은 인간의 편견을 제거하는 것이 아니라 오히려 더 공고히 만드는 결과를 가져왔다.

가장 인기 있는 재범위험성 모형 중 하나인 LSI-R Level of service inventory-Revided 의 질문들은 그 자체로 결론을 함의하고 있다. 예를 들어 "처음으로 경찰에게 붙잡혔던 때는 몇 살이었습니까?"라는 질문에 교외 지역에서 유복하게 성장한 범죄자는 "이번이 처음입니다"라고 대답할 확률이 높다. 하지만 흑인 청년들은 잘못을 저지르지 않아도 불시검문 당하는 일을 빈번하게 경험하기 때문에 불리한 답변을 할 수밖에 없다. 또한 LSI-R에서는 범죄자의 가족, 이웃, 친구들을 포함한 출생 환경과 성장배경을 세세하게 물어본다. 이 질문에도 역시 백인 청년과 흑인 청년의 대답에는 큰 차이가 있을 수밖에 없다.

미국 사회에서 흑인 청년은 백인 청년보다 범죄에 노출되거나 가담할 확률이 더 높다. 이런 배경에서 쌓이는 빅데이터는 자연스럽게 흑인 범죄자가 재범할 확률이 높다는 결론에 다가갈 것이다. 빅데이터를 통해 입증된 '흑인 범죄자가 재범 확률이 높다'는 사실은 다시 흑인 범죄자를 감옥에 더 오래 가두는 판결을 만들어낼 것이고 이에 따라 흑인들의 사회 진출은 더 어려워진다. 이 악순환은 끝없이 반복되다 결국 인종에 따라 재범 확률이 달라진다는 가설을 증명하게 된다.[14] 저자는 "LSI-R의 데이터의 어느 항목에 정확히 얼마만큼의 가중치가 부여되는지 모른다"[15]는 점을 지적한다. 재범위험성 모형의 도입은 개별 판사가 가진 편견을 걸러내는 장치로 활용되면서 공정한 판결의 가능성을 높이긴 했다. 그러나 모형의 설계 단계에서부터 각인된 편견에 대해서는 확실히 알 수 없다. 알고리즘에 어떤 편견이 숨겨져 있는지 모른 채 우리는 빅데이터에서 도출되는, 객관적일 거라 믿는 그 결론을 그대로 따를 수밖에 없는 것이다.

인공지능 기술의 발전은 빅데이터를 모으고 그것을 처리하는 기술의 발전과 함께 이루어졌다. 그렇기에 인공지능 기술의 특징을 논할 때는 활용되는 데이터의 속성도 함께 따져봐야 한다. 흩어져 있는 데이터는 개발자에 의해 일정한 방식으로 처리된 뒤에야 비로소 의미를 갖는다. 물론 인공지능이 빅데이터를 통해 어떤 판단 규칙을 만들어내는지 개발자도 명확하게 알 수 없다. 이 때문에 인공지능은 인간 개발자의 통제 밖에서 독립적으로 구성된다는 생각도 일견 타당하게 들린다. 하지만 인간 개발자는 인공지능에 어떤 데이터를 어떻게 부여할지를 결정한다. 결국 개발자의 의도까지 인공지능에 포함될 수밖에 없는 것이다.

위기의 민주주의

인공지능이 만들어내는 윤리적 문제에 대한 옳고 그름의 판단이 소수의 인간에게 집중되면 어떤 위험이 발생하는지 확인했다. 현대판 철인왕은 벌어진 상황에 대한 최선의 선택지를 고르는 것을 넘어 자신이 원하는 바를 인공지능을 통해 구현할 수 있다. 이에 대한 문제의식을 바탕으로 기술 도입에만 몰두하는 기업과 정부를 견제해야 한다는 우려의 목소리도 꾸준히 제기되고 있다. 하지만 기술 도입에 생사를 걸고 있는 기업과 각국의 이해관계가 복잡하게 얽혀 있는 지금, 기술 발전과 도입에 제동을 걸 수 없는 형국이 만들어지고 있다. 게다가 사회적 합의의 주체이면서 소비자이기도 한 대다수의 개인 역시 그 기술들이 초래할 윤리적 문제에 대한 고민보다 혁신 기술들이 가져다줄 편의를 빨리 경험하고 싶어 하는 실정이다. 공급자와 소비자의 욕망이 기술의 빠른 도입으로 모이는 가운데 '현대판 철인왕'이 등장할 무대는 점점 더 화려하게 완성되고 있다.

지금 우리가 목격하고 있는 혁신적인 기술들이 허상이 아니라면 민주주의는 머지않은 미래에 큰 변화를 겪을지도 모른다. 일론 머스크가 세운 아스트라 노바는 '누군가' 미래 사회에서 발생할 윤리적 문제에 결정을 내려야 한다는 문제의식 때문에 설립됐다. 이 학교의 설립 취지에는 미래의 모든 인간이 윤리적 판단에 개입할 수도 없고 할 필요도 없다는 의미가 함축되어 있다. 이는 곧 민주주의의 붕괴를 의미한다. 빠르게 다가오는 인공지능 시대와 이미 육성되고 있는 현대판 철인왕. 이러한 방식으로 철학이 부활하는 것은 어딘가 모르게 두렵다. 세상을 뒤흔들 잠재력을 가진 최첨단 기술의 보급과 그 기술을 조종하는 힘을 가진 소수 인간의 등장은 이제껏 인류의 역사에 기록된 그 많은 잔혹사를 다시금 떠오르게 만든다.

빅브라더를
사랑하게 된 사람들
- Target 9 : 감시와 통제 -

사각지대를 없애는 것을 목표로 길거리에 다닥다닥 설치되고 있는 폐쇄회로텔레비전CCTV과 수많은 차에 설치된 블랙박스, 결제할 때마다 위치와 시간이 표시되어 발송되는 문자메시지와 시시각각 나의 위치를 받아가는 내비게이션, 정보를 넘겨주어야만 편의를 제공하겠다는 스마트폰 속 수많은 애플리케이션. 이 모든 것들은 개인의 안전을 보장하고 편의성을 증대하지만 동시에 개인을 감시하는 용도로 활용되기도 한다. 현대인은 사회안전망 속에서 그 어느 때보다 자유롭게 살아가고 있지만, 또한 그 어느 때보다 촘촘한 감시망 속에서 살고 있다.

현대사회에서 개인의 자유는 타인에게 피해를 주지 않는 선에서 폭넓게 주어진다. 그러나 만약 범죄를 저지른다면 나의 안전을 지켜주고 편의를 증대했던 이 모든 것들이 즉시 감시망으로 돌변한다. 단순히 경찰뿐만이 아니라 병원, 은행, 카드회사, 포털사이트 등 개인 정보를 가진 모든 기관이 개인을 감시할 역량을 갖추고 있다. 이 기관들에 퍼져 있는 정보를 합하면 한 인간의 삶을 속속들이 알 수 있다. 이는 국가기관의 수사 역량이 총동원되는 살인 범죄자 검거율에서도 드러난다. 경찰청 통계를 보면 2009년부터 2019년까지 살인을 저지른 범죄자의 검거율은 98.2 퍼센트였다. 2019년 말에 사건이 발생해 앞으로 검거될 범죄자들까지 계산하면 거의 100퍼센트에 가깝다고 해도 과언이 아니다. 사실상 오늘날의 개인은 아무도 모르게 숨는 것이 불가능해졌다. 우리는 사회안전망 속에서 자유를 누리지만 범죄를 저지르는 순간 안전망은 너무나 촘촘해 빠져나갈 틈이 없는 감시의 그물망으로 바뀐다. 꺼져 있는 스마트폰 카메라를 응시할 때 엄습하는 왠지 모를 섬뜩함은 '나는 언제든지 감시당할 수 있다'는 인식에서 오는 느낌일 것이다.

보이지 않는 곳에서 나를 감시하는 누군가가 있을 것 같은 이 섬뜩함은 1949년 조지 오웰이 발표한 소설 『1984』에 등장하는 '빅브라더 Big Brother'를 연상하게 만든다. 보이지 않는 곳에서 사람들의 일거수일투족을 감시하는 빅브라더는 교묘한 전략을 통해 개인의 개성을 말살한다. 소설 속에 등장하는 빅브라더는 허무맹랑한 존재가 아니라 현실에도 충분히 있을 법한 것이었다. 실제로도 개인을 감시하는 시스템이 존재한다는 폭로는 끊이지 않았으며 이러한 시스템이 어떻게 작동하는지 상세하게 고발한 증언도 많았다. 게다가 정보 통신 기술의 발전에 힘입어 빅브라더는 '디지털 빅브라더'로 한층 더 발전했다. 오늘날 개인을 감시하는 시스템은 이미 지구상의 모든 사람을 감시하고도 남을 만큼의 기술적 역량을 보유하고 있다. 그렇기에 현대인들은 자연스럽게 감시당할 수 있다는 공포를 내면화한 것이다.

그러나 우리는 정말로 감시받는 것을 두려워하는가? 우리는 진정 모든 감시의 완전한 소멸을 원하는가? 내막을 들여다보면 현대인은 디지털 빅브라더를 거부하지 않는 듯하다. 어떤 면에서는 오히려 디지털 빅브라더의 더 멋진 활약을 원하고 있다. 그리고 그것에는 나름의 합리적인 이유가 있다. 그 이유를 알아보기 위해 프랑스 철학자 미셸 푸코의 『감시와 처벌』을 살펴보자. 개인을 감시하고 통제하는 시스템이 등장한 역사적 맥락을 살핌으로써 이 시스템이 공고히 자리 잡게 된 요인을 확인할 수 있을 것이다.

근대 프로젝트 :
최소한의 자원으로 많은 사람 감시하기

개인을 감시하고 통제하는 시스템 중에 가장 널리 알려진 것은 파놉티콘 Panopticon 이다. 파놉티콘은 중앙에 감시탑이 있고, 감시탑을 중심으로 수감실이 위치한 건물이 원형으로 둘러싼 형태의 감옥이다. 이 감옥에서는 죄수가 있는 수감실은 밝고 중앙의 감시탑은 어두워 교도관들만이 죄수들을 볼 수 있는 시선의 격차가 존재한다. 이러한 파놉티콘은 어떻게 만들어지게 되었을까? 18세기 영국은 더 이상 미국에 범죄자를 보낼 수 없게 되면서 범죄자들을 자체적으로 감시하고 통제할 체계가 필요한 상황이었다. 이때 제러미 벤담이 동생의 공장에서 아이디어를 얻어 파놉티콘을 고안했다. 벤담 동생의 공장은 노동자들의 작업 상황을 한눈에 볼 수 있는 구조로 효율적으로 노동자들을 감시하는 것이 가능했다. 이 공장에서 얻은 아이디어로 벤담은 소수의 교도관이 다수의 죄수를 감시하고 통제하는, 효율이 극대화된 감옥을 만들었다. 그러나 이 감옥은 영국 정부가 수용하지 않아 실제로 구현되지는 못했다.

벤담의 아이디어는 현실화되진 못했지만 그가 제안한 파놉티콘이 시사하는 바는 컸다. 벤담의 파놉티콘에서 중요한 것은 그가 감옥에서 공장 구조를 고안한 것이 아니라, 공장에서 감옥 구조에 대한 아이디어를 얻었다는 점이다. 벤담이 동생의 공장에서 아이디어를 얻었듯이, 효율적인 감시와 통제는 감옥 이전에 이미 근대의 여러 기관에서 사용되고 있었다. 이 점을 기억하고 푸코의 논의로 넘어가 보자.

18세기 산업혁명 시기의 유럽에서는 폭발적인 인구 증가가 있었다. 노동인구는 물론 취학 인구가 증가하고 군인 수도 많아졌으며 유랑민 또한 증가했다. 이에 따라 공장, 학교, 군대, 병원 등의 여러 기관에서 사람을 효율적으로 관리해 생산성을 증대할 수 있는 전략이 필요해졌다. 그래서 최소한의 자원으로 최대한 많은 사람을 감시하고 통제하는 효율적인 관리 시스템이 만들어졌다.

푸코는 벤담의 파놉티콘이 이러한 감시 원리를 현실화한 건축물이라고 보았다. 그 이유에는 두 가지가 있다. 첫 번째, 교도관이 그 자리에 있는지 없는지 알 수 없는 죄수들은 지속적으로 감시 상태에 놓인다. 죄수는 교도관의 실질적인 시선에 감시당하는 것이 아니라 감시 상태에 놓여 있다는 자각으로부터 감시를 받는다. 이를 통해 교도관이 없어도 감시의 효과는 지속된다. 두 번째, 죄수는 교도관을 볼 수 없기 때문에 누가 교도관이 되든 상관이 없다. 파놉티콘에서는 관리 책임자가 부재중이라면 그 자리에 그 사람의 가족이나 지인이 와도 무방할 정도로 쉽게 감시자를 대체할 수 있다. 실제 감시가 이루어지지 않아도 감시받고 있다는 사실을 내면화한다는 점, 그리고 관리 체계의 담당자가 누가 되든 상관없다는 점은 효율적인 감시와 통제를 가능하게 만드는 최적의 요소였다. 푸코는 이러한 파놉티콘의 원리가 죄수를 감시하는 것뿐만 아니라 병원에서 환자를 관리하거나, 학교에서 학생을 교육하거나, 공장에서 노동자를 감시하는 등 이미 근대의 여러 기관에서 이용되고 있다고 보았다. 푸코는 파놉티콘에서 보이지 않는 교도관의 시선이 담당하던 역할을 사회에서는 '규율 권력'이 대신하고 있다고 생각했다. 이를 분석하는 것이 그의 책 『감시와 처벌』의 기획이었다.

감시받는 상황을 떠올리면 흔히 비밀스럽게 나를 지켜보는 이에 의해서 행동이 제한당하는 것을 생각하겠지만 이는 효과적인 감시 전략이 아니다. 개인을 감시하는 가장 효율적인 방법은 개인을 순종적인 존재로 만드는 것이다. 다시 말해 사람들이 정해진 규칙에 순응하게 만들면 감시할 필요 자체가 없어지는 것이다. 푸코는 개인을 순종적인 주체로 만드는 역할을 하는 것이 규율이라고 보았다. 규율에는 이러한 것들이 해당된다. 첫 번째는 개인에게 주민등록번호, 군번, 사원 번호, 학번 등의 번호를 부여해 촘촘하게 관리하는 것이다. 학교를 예로 들면, 나이별로 학년을 구성하고 그 안에서 다시 학급으로 나눈 뒤 학생들을 몇 학년 몇 반에 배치한다. 그런 다음 지정 좌석을 만들어 번호에 따라 앉히면 효율적인 학생 관리가 가능하다. 성취도에서 차이가 날 수 있는 다른 나이의 학생들을 무작위로 배치하는 것이 아니라 같은 나이를 기준으로 학급을 구성하면 한 번의 교육으로 반 전체 학생들을 모두 가르치는, 효율적인 교육이 가능하다. 동시에 몇 학년 몇 반 어느 자리에 앉아 있는 학생이 학습에 비협조적인지도 효율적으로 알아낼 수 있다. 이렇게 바둑판처럼 쪼개놓은 공간에 사람들을 배치해 효율적으로 관리하는 시스템은 근대의 학교와 회사, 군대, 병원 등 사회 전반에서 관리 체계로 이용되었다. 이것을 푸코는 '분할의 기술'을 통한 규율이라고 말한다.

두 번째로는 시간을 잘게 쪼개 만든 시간표로 낭비되는 시간을 줄여나가며 사람들의 시간을 완전히 소비시키는 것이다. 시간 약속을 지키는 것이 사회생활의 기본이라는 말은 상식적으로 받아들여진다. 어떤 집단에서든 시간 약속을 어기는 것은 금기시되며 심지어 시간 약속을 지키는지 아닌지가 개인의 인격을 평가하는 잣대로 사용되기도 한다. 하지만 인간이 시간을 지키는 것에 강박을 갖게 된 것은 그리 오래되지 않았다. 개인에게 시간 엄수에 대한 강박을 갖게 만드는 것은 그를 체계에 순응하는 존재로 만드는 것이다. 모두가 정해진 시간에 정해진 장소에서 과업을 수행하고 있다면 이 역시 감시와 통제가 자동으로 작동하고 있는 것이라 볼 수 있다.

마지막은 커리큘럼을 만들어 단계별로 개인을 교육하고 그 수준에 맞는 일을 부여하여 관리하는 방법이다. 회사는 직원들에게 직급에 따라 다른 역할을 부여한다. 보통 직급이 높을수록 더 많은 의사 결정권을 갖게 되고 중요한 업무를 맡는다. 회사는 직원의 역량을 평가하고 여기서 높은 점수를 받는 사람만이 진급하여 더 비중 있는 업무를 담당할 수 있다. 이렇게 일정한 커리큘럼을 통해 직원을 관리하면 회사는 일사불란한 명령 체계를 가질 수 있다. 명확한 체계 속에서 직원들은 상급자의 지위를 쉽게 탐내지 못하게 되며, 자신의 위치에서 자신이 해야 할 일을 수행한다.

이 모든 규율의 테크닉은 서로 유기적으로 결합해 작동하면서 마치 파놉티콘이 그랬듯 개인에게 감시를 내면화해 순종적인 존재로 만든다. 규율이 자리 잡게 되면 감시자가 있든 없든, 규율을 관리하는 사람이 누가 되든 상관없이 마치 파놉티콘 안에 있는 것처럼 스스로를 감시 상태에 놓는다. 이러한 근대의 규율 체계는 권력 집단이 개인을 핍박하기 위해 만든 것처럼 여겨지며 비판의 대상이 된다. 하지만 이러한 체계가 단순히 개인을 감시하고 통제하여 인간성을 상실하게 만드는 빅브라더 같은 역할만을 하는 것은 아니다. 학교, 병원, 군대, 회사의 규율 체계는 체계적인 교육과 효과적인 치료, 실패 없는 작전 성공, 회사의 성장을 가능하게 만든다. 즉, 근대의 규율 체계는 어떤 악의 무리에 의해 개인을 괴롭히고 조종하기 위해서 발전한 것이 아니라 폭발적으로 늘어난 인구를 적절히 관리하여 생산성을 증대해야 하는 사회적인 상황 속에서 자리 잡게 된 것이다. 그것은 개인을 순종적인 주체로 만들기도 했지만 다른 한편으로는 사회에서 살아갈 수 있는 주체로 키워내는 역할을 하기도 했다.

대표적으로 학교와 공장을 예로 살펴보자. 학교는 이 시대에 필요한 지식과 따라야 할 제도, 그리고 삶의 양식을 아이들에게 가르친다. 성장기의 아이들은 학교에서 체계적으로 관리되며 사회의 통합된 가치관을 주입받는다. 이 과정에서 제각기 날뛰던 아이들의 개성은 타인에게 피해를 주지 않도록 둥글게 다듬어진다. 아이들의 성격과 가치관이 일정 부분 획일적이게 되는 것이다. 이렇게 형성된 획일적인 성격과 가치관은 아이들의 개성을 축소하지만 다른 한편으로는 사회에 적절히 적응해 나갈 수 있는 사회성을 만들어준다. 그런 점에서 학교는 학생들의 개성을 말살하는 폭력적인 기관만이 아니라 사회의 제도와 규칙을 따르며 살아가는 시민을 양성하는 교육기관이기도 하다.

공장도 비슷하다. 산업혁명 시대의 공장은 영화 〈모던 타임스)에서 묘사된 것처럼 개인의 인간성을 말살하는 현장이었다. 드르륵드르륵 쉴 틈 없이 돌아가는 공장에서 장시간 반복 노동을 하는 동안 인간의 정신은 함께 갈려나갔다. 하지만 동시에 규칙적으로 돌아가는 공장에서의 노동은 산업사회에 걸맞은 근면 성실한 주체를 만들어낸다. 또한 노동자들에게 지급되는 임금은 노동자들이 각자의 생활을 영위하며 자유를 누릴 수 있는 기반이 되어주었다. 공장의 생산성 증대에 대한 고민은 회사 복지로도 이어졌다. 공장주들은 거주지를 제공하고 자녀들의 학비를 지원하는 등의 전략으로 숙련된 노동자들의 근속연수를 늘려나갔다. 따라서 공장에서의 노동은 노동자들의 개성을 축소하는 역할도 했지만 그와 함께 노동자들이 자신의 욕망을 충족할 수 있는 경제력과 가정을 꾸려나갈 수 있는 여건을 제공했던 것이다. 삭막하게만 묘사되는 공장이 노동자들을 억압하거나 통제하는 기능만을 담당하지 않았으며 다른 측면에서는 노동자들의 자유를 확대하는 역할을 했다고 볼 수 있다.

이러한 관점에서 근대의 규율 체계는 개인을 감시하고 통제하여 무기력한 존재로 만들기 위해서만 작동하는 것이 아니다. 근대의 규율 체계는 폭력적인 측면도 있었지만 근면 성실하게 노동하고 원만하게 공동체를 이루며 살아가는, 사회성을 갖춘 시민을 양성하는 역할도 담당했다. 따라서 개인을 감시하고 통제하는 시스템이 개인의 개성을 말살한다고만 말하는 것은 한 단면만을 묘사하는 것과 같다.

디지털 빅브라더의 활약

근대의 규율 체계는 인터넷과 정보 통신 기술의 발전과 어우러지면서 더 강력한 힘을 갖게 되었다. 사람들을 관리하던 수단이 종이 서류에서 디지털로 옮겨오면서 물리적 한계는 극복되었고 더 정확하고 신속한 관리가 가능해졌다. 이제 감시와 통제는 실시간으로 수집되는 정보를 통해 이루어진다. 정보를 독점한 집단과 개인이 가질 수 있는 정보량의 비대칭성은 정보화사회에서 감시의 기본 원리이다. 개인의 과거, 현재, 미래는 서버에 이미 저장된 정보와 실시간으로 저장 중인 정보 그리고 앞으로 저장될 정보를 통해 모두 예측이 가능해진다. 근대에서부터 만들어진 시스템에 융합된 정보 통신 기술의 혁신으로 오늘날의 감시 시스템은 모든 사람을 감시할 충분한 역량을 갖췄다.

그렇다면 현재, 진실로 개인에 대한 광범위한 감시는 이루어지고 있는가? 혹시 정보화사회를 비판적으로 보는 시각에서 나온 음모론이 아닐까? 그렇다면 좋겠지만 2013년 6월 6일 이 공포가 허황된 것이 아니라는 폭로가 세상에 터져나왔다. 전 미국 국가안보국National Security Agency, NSA의 직원이었던 에드워드 스노든이 미국의 NSA와 영국의 정부통신본부Government Communications Headquarters, GCHQ가 자국민뿐만 아니라 중동 국가의 개인 및 주요 인물들, 심지어는 동맹국의 정상들을 감시하고 있다고 폭로했다. NSA와 GCHQ가 프리즘이라는 감시 프로그램을 통해 이메일과 영상, 사진, 음성 녹음, 파일 전송 내역, 통화 기록, 온라인 활동 등 광범위한 정보를 수집하고 있다는 것이다.

이 폭로는 미국뿐만 아니라 전 세계를 뒤흔들었다. 폭로 직후 구글, 페이스북, 야후 등 IT 기업들은 자신들은 이 사건과 관련이 없다고 부인했지만, 정부가 스노든의 폭로에 NSA의 감시 프로그램이 합법적이며 안보에도 필수적이라고 항변하면서 해당 기업들의 해명이 거짓이 아니냐는 의혹에 휩싸였다. 당시 오바마 정부는 스노든이 폭로한 사실을 전면 부인했다. 오히려 스노든을 국가의 기밀을 폭로한 반역자로 규정하고 그를 추적해 책임을 묻겠다는 입장을 취했다. 미국 언론들 또한 스노든을 보는 시각에 차이가 있었다. 최초로 프리즘의 실체를 보도한 영국의 《가디언》은 스노든을 '내부고발자whistle-blower'로 불렀지만, 미국의 통신사인 AP와 CNN, 《워싱턴포스트》는 유출자leaker라고 불렀다.[16] 스노든을 어떻게 부르느냐는 그를 영웅으로 보느냐 반역자로 보느냐 하는 문제가 달린 사안이었다. 사실상 다수의 미국 언론은 오바마 정부와 함께 스노든을 국가의 치명적 약점을 누설한 반역자로 규정했다.

감시 프로그램의 이름까지 자세히 밝힌 스노든의 폭로 내용과 그에 따른 미국 정부의 대처로 광범위한 감시가 존재한다는 것이 사실로 드러났다. 자, 그렇다면 이제 가장 중요한 문제가 남았다. 이 폭로를 접한 미국의 시민들은 어떤 반응을 보였을까? 미국의 시민들은 스노든을 영웅으로 보았을까, 아니면 반역자로 보았을까? 당시에 이에 관한 설문 조사가 있었다. 《워싱턴포스트》와 퓨리서치가 2013년 6월 5일부터 9일까지 4일간 성인 1,000명을 대상으로 설문한 결과, 놀랍게도 응답자의 56퍼센트가 자국의 안보를 위해 국민들의 통화 기록을 수집한 NSA 행위를 이해할 수 있다고 답했다. 응답자의 과반수가 국가 안보라는 납득할 만한 명분이 있다면 감시당하는 것을 용인할 수 있다고 답한 것이다.

우리를 감시해 주세요

NSA가 자국민을 상대로 전방위적 감시를 벌일 수 있었던 것은

2001년 9월 11일에 발생한 9.11 테러에서 시작된 테러 위협 때문이다. 세계 최강국 미국이 테러에 속수무책으로 당했고 미국 시민들은 그것을 생생하게 목격했다. 이후 미국은 테러와 끝나지 않는 전쟁을 벌였다. 스노든이 폭로를 하기 불과 두 달 전인 2013년 4월 15일에도 보스턴 마라톤 대회의 결승선 근처에서 두 개의 폭탄이 터져 3명이 사망하고 183명이 부상당하는 사건이 벌어졌다. 이런 사건이 발생하는 가운데, NSA가 일반인을 상대로 정교한 감시를 벌인 것은 충격적이었지만 다른 한편으로는 그만큼 미국 정부가 테러범을 빈틈없이 감시하고 신속하게 통제하는 체계를 구축했다는 점에서 시민들은 안정감을 느꼈다. 이 안정감은 미국의 시민 중 56퍼센트가 NSA의 불법적인 감시 행위를 이해할 수 있게 만들었다.

시민들이 안전을 대가로 감시받는 것을 용인하는 현상은 한국에서도 비슷하게 일어났다. 2015년 7월 익명의 해커들이 이탈리아 IT 기업 '해킹팀'의 내부 정보를 통째로 공개한 일이 있었다. '해킹팀'은 해킹 프로그램을 개발도상국에 판매하는 것으로 악명 높은 기업인데 내부 정보가 공개되면서 한국의 국가정보원이 이 기업의 고객이었다는 사실이 드러났다.

국가정보원은 해킹팀으로부터 감시 대상의 컴퓨터와 스마트폰의 모든 정보를 가로챌 수 있는 프로그램을 구입했다. 당시 국정원장은 이 프로그램들이 대북 감시용과 연구용이었다고 해명했지만, 국정원과 이탈리아 해킹팀 사이에 오간 메일은 그의 해명과 다른 정황을 암시했다. 국정원의 프로그램이 대북용이 아니었다는 증거는 총 네 가지이다. 국내용 스마트폰 모델 해킹에 초점을 맞췄다는 점, 국내 메신저인 '카카오톡'을 해킹하려 했다는 점, 2014년 6월 지방선거를 앞두고 스마트폰 공격을 요청했다는 점, 그리고 '서울대 공대 동창회 명부'라는 제목의 MS워드 파일에 악성코드를 심으려고 했다는 점이다.[17]

국가정보원의 민간인 사찰 문제는 2020년 7월 공식화된 「국가정보원법 개정안」으로 이어졌다. 이 개정안은 국가정보원이 간첩 등 국가보안법 위반 범죄에 대해 수사할 수 있는 권한인 대공수사권을 폐지하고 다른 기관에 이관함을 골자로 한다. 이 과정에서 인권을 짓밟는 국가정보원의 횡포를 멈춰야 한다는 여당과 안보 공백을 우려하는 야당이 팽팽히 맞섰다. 결과적으로 「국가정보원법 개정안」은 민주당 단독 표결로 가결됐고 3년 유예기간을 두고 국정원의 업무에서 '국내 정보'는 삭제되고 국정원의 대공수사권은 폐지되는 것으로 결론지어졌다.

그런데 여론조사의 결과는 달랐다. 이 시기에 미디어리서치가 국정원 대공수사권 폐지를 골자로 한 국가정보원법 개정에 관한 여론조사를 시행했다. 그 결과 응답자의 34퍼센트는 이 법

안에 찬성, 40.9퍼센트는 반대한다고 응답했다.[18] 그동안 국가정보원이 시민들에게 자행했던 불법 감시와 인권 탄압에도 불구하고 북한과 휴전 상태에 놓여 있다는 한국의 특수 상황이 시민들로 하여금 국가정보원의 감시를 불사하겠다는 의견을 갖게 한 것이다.

이제 정보화사회에서 정보로 개인을 감시하는 '디지털 빅브라더' 문제의 새로운 국면이 드러난다. 감시와 통제 시스템은 존재해서는 안 되는 불법 시스템이 아니라 안전한 사회를 위해 반드시 존재해야 하는 필수적인 시스템이 된다. 즉, 현대인에게 빅브라더는 소설 속 '빅브라더'처럼 개인의 일거수일투족을 감시해 인간성 파멸로 이끄는 괴물이 아니라, 개인의 안전한 삶을 지키는 일종의 어둠의 기사와 같이 여겨지고 있다. 현대인은 안전을 보장받기 위해 빅브라더를 필요로 한다.

──────● 빅브라더를 사랑하게 된 사람들

오늘날의 개인은 안전을 위해 불가피하게 디지털 빅브라더와 계약을 맺는다. 하지만 이제는 이를 넘어 빅브라더 자체를 긍정하기 시작했다. 지갑을 통째로 잃어버리는 것보다 인터넷 계정 하나를 해킹당하는 게 더 치명적일 정도로 인터넷은 일상에서 떼려야 뗄 수 없는 것이 되었다. 현대인이 개인 정보 유출 사건에 민감하게 반응할 수밖에 없는 이유이다. 그런데도 우리는 매일같이 우리들의 정보를 다 퍼주고 있다. 바로 편의를 위해서이다. 인터넷에서 개인 정보는 매일 차곡차곡 쌓이고 있다. 우리가 어떤 사이트에 방문하면 언제, 어떻게 방문했는지 컴퓨터 하드디스크에 저장된다. 이것이 '쿠키'이다. 쿠키는 인터넷을 이용하면 할수록 쌓인다. 웹사이트는 이렇게 쌓인 사용자의 빅데이터를 가지고 사용자의 취향과 관심사를 유추할 수 있게 된다. 쌓인 쿠키로 정보를 추출하는 것이기 때문에 이 경우는 사용자가 모르고 정보를 제공하는 것이라 볼 수 있다. 그런데 능동적으로 개인 정보를 넘겨주는 경우도 있다. 보통 사람들은 회원 가입을 하거나 애플리케이션을 이용하기 위해 개인 정보 제공 동의에 거침없이 동의 표시를 해준다. 그리고 내비게이션을 통해서 우리의 동선을 기업들에 친절하게 알려주고 있다. 심지어는 SNS를 통해서 우리의 일상을 전 세계 불특정 다수에게 공개하고 있기도 하다. 개인 정보 유출에 극도로 민감한 현대인들이지만 다른 한편으로는 너무나 열렬히 자신의 정보를 인터넷 세상에 뿌리고 있는 것이다.

거대 IT 플랫폼 기업은 이렇게 사용자가 직간접적으로 제공한 정보를 가지고 사용자의 취향과 관심사에 딱 맞는 콘텐츠를 추천해 주는 서비스를 개발했다. 이 서비스를 '개인화 서비스'라고 부른다. 이 서비스로 가장 큰 성공을 거둔 기업은 구글이다. 구글은 검색창을 공짜로 열어두는 대신 전 세계인들의 빅데이터를 수집했다. 빅데이터를 이용해 구글은 여러 국가의 수많은 사람의 욕망을 충족시켜 줬다. 시장조사기관에 따라 차이가 존재하지만, 2020년 구글의 전 세계 검색엔진 점유율은 최소 70.83퍼센트에서 최대 91.98퍼센트에 달하는 것으로 나타났다. 그야말로 전 세계가 구글로 통하고 있다고 해도 과언이 아니다. 외계인이 똑똑하다면 지구에 와서 가장 먼저 구글 서버를 훔칠 것이다.

영리한 구글은 영상 콘텐츠의 시대가 올 것을 예측하고 스타트업이었던 유튜브를 인수했다. 그 후 유튜브에 자신들이 구축한 개인화 서비스를 접목했다. 구글에서 검색하면 사용자에 따라 맞춤 결과를 보여주는 것처럼, 유튜브도 접속하자마자 접속자가 좋아할 만한 콘텐츠를 추천하게 만든 것이다. 유튜브의 알고리즘은 사용자가 동영상을 시청하면, 그와 성별이 같고 연령대가 비슷한 사용자들이 많이 본 영상을 추천해 준다. 그리고 내가 어떤 콘텐츠를 선택하는지 그 결괏값 또한 알고리즘에 반영된다. 유튜브 시청 시간이 길어지면 길어질수록 유튜브는 점점 더 나의 취향을 저격하는 콘텐츠를 건네줄 수 있다.

"유튜브는 시청 기록만으로 나의 취향을 알 수 없다! 내가 싫어하는 주제의 콘텐츠도 이유가 있어서 시청할 수 있지 않냐?"라고 반론할 수 있다. 그런데 유튜브 시청 기록에 구글 검색 이력이 더해진다면? 그리고 구글 검색을 통해 쇼핑까지 한다면? 여기까지 오면 사용자는 모든 정보를 구글에 제공한 것이나 다름없다. 이 상황이라면 '구글 신은 나보다 나의 취향을 더 잘 알고 있다'는 말을 부인할 수 없다. 우리의 모든 정보를 소유한 구글. 구글은 우리의 취향을 전부 알고 있는 신이 되었다.

애플, 마이크로소프트, 구글, 아마존, 페이스북 등 세계 시가총액 5위 안에 들어가는 기업들은 모두 엄청난 양의 빅데이터를 바탕으로 서비스를 제공하는 플랫폼 기업들이다. 이 기업들은 서비스만 제공하든, 어떤 제품을 팔면서 서비스를 같이 넣어 팔든 각각의 방법으로 전 세계인들의 소비 패턴과 성향, 취미를 모두 파악하고 있다. 가속화되는 세계화로 기업 간의 경쟁이 전 세계로 확장되고 있는 지금, 몸집이 작은 기업들은 경쟁에 밀려 퇴장할 수밖에 없어진다. 결국 몇 개의 거대 IT 기업들이 빅데이터를 독점하는 현상은 더욱더 가속화될 것이다. 전 세계인들의 빅데이터를 독점하게 되는 소수의 공룡 기업들은 범접할 수 없는 막강한 권력을 가지게 된다. 서비스를 제공하며 정보를 모으고 있는 구글과 같은 거대 플랫폼 기업들은 친절한 모습으로 우리에게 즐거움을 주면서 우리의 경계심을 무너트리고 있다.

조지 오웰이 예견했던 미래와 다르게 인류는 독방에 갇혀 빅브라더의 감시 속에서 조종과 통제를 당하는 불행에 처하진 않았다. 오히려 근대에서는 감시와 통제의 시스템이 근면 성실하게 일하고 공동체를 이루며 살아가는 사회성을 갖춘 개인을 등장시켰고, 정보화사회에서는 더 고도화되어 사회안전망을 구성해 개인의 안전을 보호하는 역할을 담당했다. 이 지점까지 감시와 통제의 시스템은 그것이 주는 효용성과 문제점 사이에 균형이 존재했다. 그러나 개인의 정보를 바탕으로 끊임없이 '취향 저격'을 하며 우리를 즐겁게 만들어주는 개인화 서비스의 등장으로 문제점에 대한 공포는 지워지고 있다.

　오늘날 현대인은 나의 모든 것을 알고, 나도 모르게 나를 조종할 수 있는 존재를 가장 친한 친구로 옆에 두고 있다. 이 친구는 알고리즘을 고도화한다는 이유로 우리의 정보를 끝없이 모으고 있다. 사용자의 빅데이터를 바탕으로 개인화 서비스를 제공하는 IT 기업들은 개인을 예측 가능한 존재로 만들고 있다. 과연, 우리의 일거수일투족을 감시하는 보이지 않는 시선의 빅브라더가 무서운 존재일까, 아니면 우리가 제공한 빅데이터를 바탕으로 우리의 행동을 예측하는 거대 IT 기업이 무서운 존재일까? 그 기업들은 굳이 개인을 감시할 필요가 없다. 그들은 우리가 어떤 선택과 행동을 할지 이미 예측하고 있기 때문이다. 우리는 "그는 빅브라더를 사랑했다He loved Big Brother"로 끝나는 『1984』 속 주인공과 과정은 다르지만 같은 결말로 향하고 있는 듯하다. 친근한 모습으로 변장한 디지털 빅브라더, 우리는 이윽고 빅브라더를 사랑하게 되었는지도 모른다.

대기업에 취업해도
우울한 이유
- Target 10 : 성과사회 -

몇 년 전 인기 웹툰을 원작으로 하는 드라마 〈미생〉이 선풍적인 인기를 끌었다. 이 드라마에 등장하는 인물들은 모두 자기 자신을 착취한다. 누가 시키지 않아도 자발적으로 하는 야근. 일을 성사시키기 위해 물불, 밤낮 가리지 않는 열정. 집은 내일의 업무를 위한 충전소가 되어버린 지 오래다. 〈미생〉의 직장인들은 일하기 위해 집에 가고 일하기 위해 집을 나선다. 그 누구도 이들에게 '열심히 일하라!'고 강요하지 않는다. 이들은 성과를 만들기 위해 자발적으로 각자 맡은 업무에 모든 걸 쏟는다. 행복은 잠시 스쳐 지나간다. 일을 성공시켜 성과를 얻은 그날, 그날만 행복하다. 다음

날 출근하면 새로운 성과를 만들어내기 위해 제로에서 다시 시작해야 한다. 웃는 것도 잠시, 어느새 다시 심각한 표정으로 업무에 집중한다. '원 인터내셔널'의 모든 사람은 미간을 찌푸린 얼굴, 인내하는 얼굴, 고민하는 얼굴, 고통스러운 얼굴을 하고 있다. 마치 우울증 환자처럼.

이 드라마는 방영 당시에 가장 현실적으로 직장인들의 삶을 다뤘다는 극찬을 받았다. 이게 사실이라면 지금 한국은 틀림없이 성과를 내기 위해 내가 나를 착취하는 '성과사회'이다. 과거의 노동자가 감시와 통제에 의해서 수동적으로 일했다면 오늘날 성과사회의 노동자들은 성공, 진급, 커리어, 인센티브를 위해 자발적으로 일한다. 감시와 통제가 노동자를 수동적으로 만든다면, 희망찬 동기부여는 노동자를 능동적으로 만든다. 강요된 노동은 사람을 밑바닥까지 태우지 못한다. 억지로 해야 하는 노동의 끝은 노동자가 기계를 부수는 결과를 낳는다. 하지만 자발적으로 열중하는 노동의 끝은 노동자가 자기 자신을 부수는 결말에 이른다. '번아웃 증후군**burnout syndrome**'은 컨베이어벨트 앞의 노동자에게서는 찾아볼 수 없던 병이다.

미셸 푸코는 근대사회가 '~해서는 안 된다'와 '~해야 한다'는 명령이 지배하는 규율사회라고 분석한다. 작업시간에 늦어서는 안 되고, 작업 중에 딴짓해서는 안 되고, 할당량은 무조건 채워야만 한다. 규율이 지배하는 사회의 작동 원리는 감시와 통제이다. 이 가운데 인간은 복종하는 노동자로 육성된다. 컨베이어벨트 위로 끝없이 몰려오는 기계 부속을 렌치로 조이는 모습. 이것이 규율이 지배하는 사회의 초상화이다. 하지만 오늘날 현대의 개인들은 자발적으로, 또 능동적으로 노동에 열중하는 인간이다.

근현대 철학의 중심지 중 한 곳인 독일 철학계를 휩쓴 한국의 철학자 한병철은 그의 책 『피로사회』에서 현대사회를 성과사회로 묘사한다. 그는 규율, 금지, 감시, 통제로 작동되는 근대사회와 달리 현대사회는 인센티브, 모티베이션, 승진, 성공적인 커리어를 기반으로 돌아간다고 분석한다. 현대인은 더 이상 규율에 복종하는 인간이 아니다. 오히려 성공을 위해 기꺼이 자기 자신을 불태우는 인간이다. 현대인은 성공을 좇는 야심가이며, 자기 자신을 경영하는 기업가이다.

병원, 정신병자 수용소, 감옥, 병영, 공장으로 이루어진 푸코의 규율사회는 더 이상 오늘의 사회가 아니다. 규율사회는 이미 오래전에 사라졌고 그 자리에 완전히 다른 사회가 들어선 것이다. 그것은 피트니스 클럽, 오피스 빌딩, 은행, 공항, 쇼핑몰, 유전자 실험실로 이루어진 사회이다.[19]

성과사회는 긍정성이 넘쳐나는 사회이다. "할 수 있다!"로 대표되는 긍정성은 "우리는 해낼 수 있습니다", "열심히 일하면 누구나 성공할 수 있습니다"라는 동기부여의 메시지를 생산한다. 긍정성과 가능성이 넘쳐나는 사회에서 열정적인 삶을 포기하는 것이야말로 가장 불경스러운 행동이다. 긍정성의 사회에서 좌절은 허용되지 않는다. 좌절에 빠진 사람에게는 그 즉시 동기부여라는 처방이 내려져 즉각적인 치료가 시작된다. 좌절은 사람이라면 누구나 겪는 일이기에 곧 누구나 극복할 수 있어야 한다는 것이 성과사회의 동기부여 문법이다.

능동적으로 일하는 직장인들은 하기 싫어서 몸을 배배 꼬던 공장의 노동자들보다 더 빠르고 생산적으로 움직인다. 그들은 기존 규칙의 비효율성에서 벗어나 최대의 생산성을 내기 위해 스스로 차별화된 전략을 고안한다. 성과사회에서는 착취하는 사람과 착취당하는 사람이 동일하다. 노동에서 성과로, 성과에서 성장으로, 성장에서 오는 즐거움과 열정은 다시 열정적인 노동의 에너지로 사용된다. 이 순환구조는 안정적으로 작동하면서 노동자가 자기 자신을 끝까지 고갈시키는 현상을 만든다. 눈부신 성공의 이미지가 넘쳐나는 성과사회는 끝없는 성과를 좇다가 우울증에 걸린 사람과 경쟁에서 낙오된 실패자를 양산한다. 어느 쪽이든 영혼은 결국 탈진에 이른다.

대기업에 취업해도 불행한 이유

한국의 대기업들은 성과사회의 법칙을 적극적으로 따른다. '성과 조직'으로의 변화는 '능력 중심의 공정한 인사 개혁'이라는 대의 아래 진행된다. 성과를 내는 직원들만이 살아남을 수 있다. 직급 체계는 간소화되고 직원들 간의 호칭은 평등해진다. 더 이상 나이, 성별, 출신은 중요하지 않다. 능력이 모든 것을 결정한다. 52시간 근무제도 두렵지 않다. 근무시간을 어떻게 설정하든 성과를 원하는 직원은 알아서 일할 것이다. 한국의 대기업들은 조직에 복종하는 직원보다 성공에 대한 열망이 가득한 직원들이 회사에 더 큰 이익을 가져온다고 분석을 마친 듯하다. 2020년 1월, 삼성은 30대 임원을 대거 등용하는 파격 인사를 진행했고, 현대차는 인사 제도를 성과 중심으로 개편하고 승진 연한을 폐지했다. 또한 SK도 젊은 임원과 여성 임원을 등용했으며 LG에서도 30대 여성 2명이 상무로 승진했다. 한국의 대기업들은 앞다투어 '실리콘밸리형'으로 회사의 체질을 바꾸고 있다. 성과 위주의 진급 체계와 생산성 사이의 상관관계에 관한 데이터가 축적되면 기업들은 스스로 전력을 다해 일하는 직원만을 걸러 이들을 위한 정교한 시스템을 빠르게 구축해 나갈 것이다.

성과 중심의 조직에 던져진 사람에겐 두 가지 선택지가 있다. 성공을 위해 끝없이 주어지는 일을 해가며 평생 자신을 태우거나, 낙오자가 되어 무능력한 사람으로 밀려나는 것이다. 어느 쪽을 선택하든 우울증은 필연적이다. 역할을 잃어 잉여인간으로 회사에서 버티는 것만큼이나, 잘하면 잘할수록 더 많이 주어지는 일을 모두 성공적으로 해내는 것도 스트레스와 우울증을 유발하기 쉽다. 나를 채찍질해 성과사회의 주인공이 될지 말지는 각자의 선택이다. 하지만 일을 시작하는 순간, 영혼의 고갈은 피할 수 없는 숙명이 된다. 회사는 감시와 통제 대신 성공 가도라는 더 정교한 도구를 이용하게 되었고, 개인은 통제받지 않으면서도 회사를 위해서 자신의 모든 것을 바쳐 일하게 된다.

성과사회에서 작동하는 내적 동기부여는 짜릿하고 달콤하

며 끝이 없다. 돈이 더 큰돈을 벌기 위해 존재하듯, 성과도 더 큰 성과를 위해 존재하기에 성과사회에 던져진 인간은 쉴 틈이 없다. 성과를 좇는 사람은 매 순간 더 큰 보상을 받는 인간으로 거듭나고자 한다. 성취하는 인간, 능력 있는 인간, 보상받을 만한 인간이 시대의 이상적인 인간상으로 굳어지면서 경쟁의 끝에서 자신을 자책하는 것 이외의 다른 핑계를 만들지 못한 현대인은 자신의 삶을 긍정할 수 없게 되었다. '오늘의 나'는 항상 극복의 대상이 될 뿐 긍정의 대상이 되진 못한다. 현대사회에서 능력은 귀족사회의 신분과는 달라서 능력을 가지고 있는 것만으론 어떤 보상도 받지 못한다. 오늘날 개인의 능력은 세차게 굴려질수록 높은 값이 책정된다. 뛰어난 능력을 갖춘 사람일수록 더 큰 성과를 위해 더 많은 시간을 노동에 투여해야 한다. 신분 사회에서의 사회적 상승은 곧 고된 노동으로부터의 해방을 의미했지만, 성과사회에서 신분 상승은 불행하게도 더 고된 노동시장으로의 편입을 의미하게 되었다. 성과사회에서 주인공이 되기 위해선 일생 동안 가장 근면 성실한 학생이어야 하고 또 가장 열정적인 노동자여야 한다.

성과사회의 엔진은 외부의 강제력 없이도 성공을 위해 기꺼이 자신을 끝까지 몰아붙이는 현대인들의 자기 착취를 연료로 삼는다. 성과사회에서 무럭무럭 자라난 나를 착취하는 내 안의 그대는 한시도 동기부여를 멈추지 않는다. 그는 눈부신 성과를 위해선 이깟 고통쯤은 감내해야 한다며 끝없이 나 자신을 설득한다. 현대인이 육체적, 정신적으로 고갈되며 우울증을 앓는 핵심적인 이유는 삶을 고단하게 만드는 악당이 외부가 아니라 내부에 있다는 사실에 기인한다. 일하기 위해 집에 가고, 일하기 위해 집을 나서는 직장인의 열정적인 일상 속에서 목격되는 우울한 얼굴, 이것이 오늘날의 성과사회를 살아가는 현대인들의 초상화이다.

소외되지 않는 노동자, 유튜버는 행복할까?

- Target 11 : 노동 -

시대를 막론하고 인간을 고뇌에 빠지게 만드는 주제는 생계를 위한 일과 하고 싶은 일 사이의 갈등일 것이다. 안정적인 수익을 얻을 수 있지만 즐거움과는 거리가 먼 일과 생계에 도움은 안 되지만 한 번쯤 도전을 꿈꾸는 일, 인간은 두 가지 노동 사이에서 갈팡질팡한다. 산업화 이후 노동은 가장 뜨거운 철학적 주제 중 하나로 떠올랐다. 자본의 가치가 인간의 가치를 압도하는 자본주의 시대가 도래함에 따라 철학자들은 저마다의 관점에서 경고를 울려댔다. 그중에서도 자본주의에 정면으로 맞섰던 철학자는 단연 카를 마르크스이다. 마르크스가 정의하는 인간은 노동을 통해 자신의 삶을 창조해 나가는 존재이다. 그러나 자본주의 사회에서 인간은 부를 창출하는 하나의 부속품으로 전락해 버리고 말았다. 인간은 자신의 삶을 창조하는 노동으로부터 소외되었고 또 노동에 따른 결과물인 생산물로부터도 소외되었다. 마르크스는 자본가들이 생산수단을 독점하면서 "노동자는 부를 생산하면 할수록, 그 생산의 힘과 범위가 늘어나면 늘어날수록, 그만큼 더 가난해진다. 노동자는 상품을 만들면 만들수록 자신은 그만큼 더 값싼 상품이 된다"[20]라고 분석한다. 그리하여 "노동자가 힘들여 일을 하면 할수록, 그가 자기의 건너편에 만들어내는 소원한 대상 세계가 그만큼 강대해지고, 그 자신의 내적 세계는 더욱 가난해져서 그에게 귀속하는 것이 더욱 빈약해진다"[21]라는 것이 마르크스가 본 자본주의 사회에서 소외된 노동으로 인한 인간성 위기의 양상이었다.

노동의 결과물이 노동자 그 자신으로부터 멀어진다는 점은 마르크스가 관찰했던 19세기 공장의 노동자뿐만이 아니라 오늘날의 현대인들에게도 해당되는 문제이다. 노동 방식은 많이 달라졌지만, 오늘날 노동자 역시 그들이 제공한 노동력에 대한 보상으로 월급을 받을 뿐 그들이 만든 생산물은 회사에 귀속된다. 노동자들이 만들어내는 생산물의 가치 상승은 노동자의 가치 상승으로 이어지지 않는다. 마르크스의 관점에 따른다면 현대인들 역시 크든 작든 자신의 노동으로부터 소외되어 있다고 볼 수 있다. 하고 싶은 일을 하기 위해 사표를 던지는 꿈을 꾸는 오늘날 직장인들의 갈망은 쳇바퀴 돌듯 반복되는 소외된 노동에서 기인하는 열망일 것이다.

소외되지 않는 노동자

만약 우리가 노동을 통해 자신의 삶을 창조해 나갈 수 있다면, 그리고 노동의 생산물이 노동자 그 자신에게 귀속된다면 우리는 노동 소외의 문제를 극복하고 활기찬 삶을 살 수 있을까? 소외된 노동으로 지쳐가는 현대인들에게 새로운 활로가 생겨났다. 자신에게 즐거움을 주는 일을 하면서 결과물에 대한 보상까지 전부 독차지할 수 있는 직업이 생겨난 것이다. 그것은 바로 '유튜버 **YouTuber**'로 대표되는 콘텐츠 크리에이터이다.

크리에이터의 노동은 두 가지 측면에서 소외된 노동과 대비되는 창조적 노동의 성격을 갖는다. 첫 번째는 노동 그 자체가 하나의 놀이가 되어 크리에이터 자신에게도 즐거움을 준다는 점이다. 크리에이터는 자신의 삶과 긴밀하게 연결된 노동을 한다. 콘텐츠 시장에서는 나 자신을 즐겁게 만드는 능력이 곧 경쟁력이다. 평소에 심취해서 즐겼던 취미가 있다면 그것 자체가 하나의 콘텐츠가 된다. 유튜브에서 인기 있는 소재인 게임, 장난감 리뷰, 먹방과 같은 콘텐츠는 보는 사람은 물론 만드는 사람에게도 즉각적인 만족감을 주는 소재를 다룬다. 굳이 거창한 의미를 담지 않아도 된다. 크리에이터에게 즐거움을 주는 행위가 다른 사람의 눈과 귀도 즐겁게 해 줄 수만 있다면 그것이 최고이다. 이 놀이터에선 누구도 콘텐츠의 쓸모나 의미에 관한 의문을 제기하지 않는다. 소재가 아무리 특이하더라도 그것을 가지고 얼마나 재미있는 콘텐츠를 만드느냐에 따라 성공과 실패가 결정된다. 크리에이터에게 일은 곧 놀이이고, 놀이는 곧 일이 된다는 점에서 기존의 직업에서 찾아보기 힘든 고유한 특징을 갖는다.

두 번째는 크리에이터가 만든 콘텐츠는 그 자신에게 귀속되어, 일종의 사유재산처럼 부를 창출한다는 점이다. 콘텐츠 플랫폼은 콘텐츠 시청으로 발생하는 광고 수익을 크리에이터와 나누면서 급격하게 성장했다. 과거에는 콘텐츠를 재미 삼아 공유하는 데 그쳤다면 오늘날에는 모든 콘텐츠에 광고가 달리면서 수익 창출의 창구가 되고 있다. 유튜브나 트위치, 아프리카TV와 같은 주요 콘텐츠 플랫폼들은 고유의 수익배분 구조를 가지고 있다. 크리에이터는 성공적인 콘텐츠를 만들어 사람들의 이목을 끌면 조회수만큼이나 많은 돈을 벌 수 있다. 2019년 「국세청 소득신고 자료」에 따르면, 유튜버 등 2776명의 1인 미디어 창작자 중 상위 1퍼센트는 일 년 동안 약 6억 7000만 원을 벌었고, 상위 10퍼센트는 2억 1600만 원을 벌었다. 개별 콘텐츠는 크리에이터의 사유재산으로 쌓여 막대한 부를 창출한다. 크리에이터는 노동자이면서 동시에 주인이다. 그의 콘텐츠는 언제나 그 자신의 소유이며 콘텐츠의 가치가 높아지면 높아질수록 크리에이터의 가치도 함께 상승한다. 크리에이터는 자신의 흥미와 재능에 따라 자신의 삶을 만들어가는 노동자이며 동시에 노동의 결과물을 온전히 소유하는, 소외되지 않는 노동자이다.

그래서일까? 창조적 노동을 하는 콘텐츠 크리에이터는 남녀노소가 꿈꾸는 매력적인 직업으로 손꼽히고 있다. 그중에서도 회사에서 벗어나 1인 미디어를 꿈꾸는 직장인이 늘고 있다. 성인 남녀 3,543명을 대상으로 한 설문에서 성인 10명 중 6명은 유튜버를 꿈꾸고 있는 것으로 나타났다. 이들이 유튜버를 꿈꾸는 이유로 1위는 '관심 있는 콘텐츠가 있어서(48.1%)', 2위는 '재미있게 할 수 있을 것 같아서(33.3%)', 3위는 '미래가 유망할 것 같아서(25.3%)'였다. 또한 28.1퍼센트만이 유튜버를 취미로 하겠다고 응답했고 나머지 71.9퍼센트의 응답자는 본업이든 부업이든 유튜버를 '업'으로 삼을 생각이 있다고 응답했다.[22] 지루한 일상에서 벗어나 활력을 주는 재미난 놀이공간이자 잘만 하면 돈방석에 앉는 설렘을 주는 디지털 노다지인 콘텐츠 시장은 충분히 매력적이다. 게다가 고스펙 카메라를 탑재한 스마트폰과 초고속 인터넷이 구축되어 있는 한국은 크리에이터로 도전하기 위한 최적의 환경을 갖추고 있다. 실제로 한국의 유튜브 채널 숫자도 급격하게 증가하고 있다. 유튜브 통계 업체 플레이보드에 따르면 2021년 1월 영상에 광고를 넣을 수 있는 조건(구독자 1,000명, 누적 시청시간 4,000시간 이상)을 만족한 국내 유튜브 채널은 약 10만 개였다. 한두 번 영상을 올린 것이 아니라 본격적으로 유튜브 세계에 발을 디딘 사람이 10만 명이나 있다는 뜻이다. 이렇게 소외되지 않는 노동자, 크리에이터에 대한 열망은 통계로도 나타나고 있다.

잘 팔리는 콘텐츠의 조건

크리에이터로서의 삶은 화려하고 만족스러워 보이지만, 유튜브 채널 운영만으로 생계를 유지하는 것은 어쩌면 회사에서 살아남는 것보다 더 힘들 수 있다. 흔히 구독자 수가 10만 명을 넘겨야 직장인 평균 월급 수준의 수익을 올리는 것으로 알려져 있다. 구독자 10만 명 달성은 대부분의 크리에이터가 본업 전환을 고민하는 변곡점이기도 하다. 그런데 중요한 것은 구독자 10만 명을 넘겨 '실버 버튼'을 받은 채널이 2021년 2월 기준 약 5,000개뿐이라는 사실이다.[23] 사실상 크리에이터를 본업으로 삼아 유튜브 시장에서 살아남기 위해선 알고리즘이 부여하는 수많은 숙제를 성공적으로 해내며 최상위권에 들어야 하는 것이다. 꿈과 희망에 부풀어 유튜브 세계로 진입한 크리에이터의 하루 일과는 꽤나 만만치가 않다.

유튜브에서 큰 호응을 얻는 콘텐츠들은 몇 가지 공통적인 특징을 갖고 있었다. 「데이터 마이닝을 이용한 유튜브 인기 동영상 콘텐츠 분석」 결과를 살펴보면, 매일 새로운 사회 이슈를 다루는 콘텐츠들이 인기 동영상으로 선정되는 경우가 많았다.[24] 이는 곧 성공한 크리에이터가 되기 위해선 매일 시시각각 쏟아지는 이슈에 주의를 기울이고 그것을 콘텐츠화하는 능력이 있어야 한다는 점을 시사한다. 단순히 화제가 된 이슈를 빨리 업로드하는 것만으론 부족하다. 콘텐츠에 허점이 보이면 시청자들은 부정적인 반응, '싫어요'를 누르고 결과적으로 콘텐츠는 인기 동영상에 오르지 못하고 묻혀버린다. 빠르면서도 시청자들이 만족할 수 있는 양질의 콘텐츠를 매일 찍어내는 부지런한 크리에이터만이 성공적인 결과를 얻을 수 있는 것이다.

유튜브 알고리즘에 대한 분석도 이어졌다. 미국 카툰 스튜디오인 프레데레이터 **Frederator** 의 유튜브 채널 운영 담당자 맷 질렌

Matt Gielen과 제러미 로즌Jeremy Rosen은 자신들이 갖고 있는 데이터와 설계한 실험으로 유튜브가 콘텐츠를 추천하는 알고리즘을 역추적했다.[25] 그 결과 그들이 밝혀낸 핵심 요인은 '시청 시간'이었다. 시청자를 오래 머무르게 하면 할수록 그 영상은 좋은 콘텐츠로 분류돼 유튜브 알고리즘에 올라탈 가능성이 높아졌다. 유튜브 알고리즘이 시청 시간에 높은 가중치를 부여하는 것은 의미심장하다. 왜냐하면 평범한 일상을 살아가는 크리에이터가 자신만의 독창적인 콘텐츠로 시청자의 눈을 오래 잡아두는 일은 쉽지 않기 때문이다. 하고 있는 일이나 취미가 사람들의 이목을 단숨에 끌 만큼 특별한 경우는 흔치 않다. 그래서 많은 크리에이터가 오리지널 콘텐츠를 가공한 2차 콘텐츠를 만드는 것으로 채널 운영을 시작했다. 영화 리뷰 채널이나 다른 콘텐츠를 시청하는, 흔히 말하는 '리액션 콘텐츠'를 업로드하는 채널이 대표적인 사례이다.

하지만 현재 유튜브는 저작권 침해 소지가 있는 2차 콘텐츠에 대한 검열을 강화하고 있다. 다른 콘텐츠를 무단으로 이용한 2차 창작물에 수익 창출을 금지하는 동시에 저작권을 위반한 크리에이터를 과감하게 퇴출하고 있다. 또한 정치적 이슈나 민감한 사회 이슈를 다룬 콘텐츠, 부정적인 단어가 포함된 콘텐츠를 만드는 채널에는 수익 창출을 허가하지 않는다. 유튜브의 광고주

친화 정책 강화로 광고되는 상품이나 서비스에 부정적인 이미지를 각인할 수 있는 콘텐츠를 걸러내고 있기 때문이다. 자극적인 콘텐츠를 만들어 쉽게 이목을 끌려는 시도가 전부 금지되고 있다. 게다가 지속적으로 부적절한 콘텐츠를 올린 채널에는 경고가 부여되고, 개선되지 않으면 채널이 정지되거나 심지어 삭제되기도 한다. 유튜브 알고리즘에 자비란 없어 채널의 구독자가 몇 명이든 총 조회수가 얼마나 많든 상관없이 강력한 처벌은 집행된다. 이제 크리에이터들은 다른 창작물에 기대지 않고, 자극적인 소재를 다루지 않고, 시청자들의 눈을 오랫동안 머물게 하는 양질의 콘텐츠를 만들어내야 한다. 이것은 방송국의 전문 제작팀에겐 가능할지 모르지만 1인 크리에이터에게는 사실상 불가능에 가까운 미션이다.

웃음을 잃은
크리에이터들의 증언

매일 화제가 된 이슈를 찾아다니며 정보 수집하기. 독창적이면서도 자극적이지 않은 콘텐츠 만들기. 그러면서도 시청자들을 오랫동안 머물게 하는 매력적인 콘텐츠 만들기. 동시에 적극적인 피드백을 주고받으며 팬들과 소통하기. 이 모든 과정을 매일 반복하며 1일 1업로드의 원칙 지키기. 매일같이 알고리즘의 채찍을 맞는 크리에이터의 일상은 그리 유쾌하지만은 않다. 실제 유튜브 채널을 운영하는 사람들의 우울한 증언은 콘텐츠 시장의 치열한 경쟁을 엿보게 해 준다.

약 10개월에 걸쳐서 16명의 크리에이터와 크리에이터들의 소속사 역할을 하는 MCN **Multi Channel Network** 관리자 3명을 심층 인터뷰한 연구가 있었다. 연구 결과에 따르면 크리에이터들은 공통적으로 콘텐츠를 창작하는 활동에는 즐거움을 느끼고 있었다. 하지만 동시에 노동시간과 노동력 대비 아주 적은 보상을 받음에도 언젠가 큰 보상을 받을 수 있다는 희망으로 강도 높은 노동을 이어가며 피로감을 느끼고 있었다.[26] 이들의 창작 활동은 자발적이고 능동적이었으나 아주 적은 보상이 주어지는, 자기 착취에 가까운 노동이었다.

비슷한 맥락으로 20~30대 미디어 생산자를 중심으로 미디어 노동을 분석한 연구도 있었다. 연구자들은 외주·독립 제작사 PD, 종합편성채널 PD, 웹 기획 콘텐츠 제작사의 대표 제작자, 유튜브 크리에이터 등 미디어 콘텐츠 제작 산업에서 노동자로 일하고 있는 20~30대 청년 9명을 대상으로 심층 인터뷰를 실시했다. 연구 결과 이들은 즐거움과 보람을 느끼지만 열악한 노동 현장에서 개인적인 시간을 포기하며 살아가고 있었다. 인터넷 콘텐츠 시장의 성장이 청년들에게 새로운 기회가 되기도 했지만, 심화된 경쟁으로 인한 과도한 업무와 불안정한 고용이라는 열악한 환경 속으로 밀어 넣기도 한 것이다.[27]

관심사와 취미를 살려 일하면서 고소득을 올리는 콘텐츠 크리에이터의 등장은 신선한 충격이었다. 좋아하는 분야에서 독자적인 기획으로 개성 있는 콘텐츠를 만들어 돈을 버는 것은 정보화사회로 실현된 획기적인 노동 방식이었다. 그러나 이들의 삶은 즐거움을 느끼는 반면, 불안감과 노력에 비해 너무나 적은 수익에서 오는 허무함에 시달리기 쉬운 삶이었다.

다시 보는 노동의 소외론

정보화사회에서 새롭게 생겨난 크리에이터라는 직업은 소외된 노동에 시달리는 많은 현대인의 로망이 되었다. 그러나 창조적 노동만으로 밝은 미래를 보장받는 것은 아니다. 창조적 성격을 갖는 노동은 합리적 보상에 대한 감각을 무디게 만들며 자기 착취적인 노동을 끝내지 못하게 만든다. 또한, 노동의 결과물이 노동자에게 귀속된다는 점은 결과가 좋을 경우 막대한 부를 보장하지만 그렇지 않을 때는 어디에도 기댈 수 없이 온전히 실패를 짊어져야 함을 뜻하기도 한다. 콘텐츠의 가치가 높아지면 높아질수록 크리에이터의 가치도 함께 상승하지만, 반대로 콘텐츠의 가치가 떨어지면 크리에이터의 가치 역시 곤두박질친다. 크리에이터는 자신의 결과물로 가치를 증명하는 것 이외에는 보호받을 길이 없다. 결국 창조적 노동을 하는 삶은 그 자체로 활기차고 낭만적이지만 그만큼 위험과 고난을 무릅쓰는 삶이다. 본원적 생명 활동으로서 창조적 노동의 이상은 행위 자체가 아니라 좋은 결과가 보장되어야만 해피엔딩에 이를 수 있는 것이다. 그렇다면 과연 노동자가 자신의 노동과 노동의 생산물로부터 멀어지는 것을 꼭 부정적으로만 볼 필요가 있을까? 노동 생산물의 가치와 노동자의 가치가 연결되지 않는 것은 생산물의 가치 변동이 노동자에게 미치는 영향이 적다는 것을 뜻한다. 다시 말해 이는 곧 노동의 결과로부터 노동자가 일정 부분 자유로워질 수 있다는 것을 의미한다.

소외된 노동에 대한 철학의 비판은 생계를 위한 노동에서 벗어나지 못하는 인간을 인간성을 상실한 존재로 전락시켰고 반대로 창조적 노동을 하며 정체성을 확립해 나가는 인간을 이상적 존재로 규정했다. 물론 마르크스가 목격했던 초기 산업화 시대의 노동 소외론은 폭주하는 자본의 횡포에서 인류를 구조하는 데 일조했다. 그때의 노동 소외론은 실제 노동 현장의 문제를 개념화하는 역할을 했으며 문제상황에 대한 설명력을 가졌다. 초기 산업사회에서 창조적 노동과 소외된 노동의 대비는 유효했지만 오늘날에는 다르다.

현대인에게 노동은 자신의 정체성을 만들어가는 행위만을 의미하지 않는다. 질문을 던져보자. 왜 인간은 노동으로부터 소외되어서는 안 되는가? 어떤 사람은 일을 통해 삶을 만들어가지만, 어떤 사람은 일과 삶을 분리하는 것으로부터 자신의 삶을 그려나가지 않는가? 일과 삶을 분리하고자 하는 이에게 노동은 철저히 생계수단일 뿐이다. '저녁이 있는 삶'을 보장하여 일과 삶의 균형을 이룰 수 있는 직장의 인기가 점점 높아지는 것을 보면 어쩌면 오늘날 사람들은 더 열렬히, 더 완벽히 노동으로부터 소외되길 원하고 있는지도 모른다.

이런 점에서 창조적 노동에 대한 예찬과 소외된 노동에 대한 비판으로 짜인 노동에 관한 이분법은 더 이상 유효하지 않다. 이러한 인문학적 고찰은 편파적이기 때문에 이 두 가지 양식의 노동에 대한 합리적 평가를 어렵게 만든다. 철학은 창조적 노동에 손을 들어주고 소외된 노동을 극복해야 할 문제상황으로 규정하지만 이는 현실을 반영하지 못한 처사이다. 해야 하는 일과 하고 싶은 일 중 어떤 일을 선택하느냐의 문제는 얼마만큼 위험을 감수할 수 있는지 그리고 얼마나 큰 보상을 원하는지에 따른 개인의 선택과 선호의 문제이며, 더 나아가서는 가능과 불가능의 문제이기도 하다. 그렇기에 창조적 노동과 소외된 노동, 바꿔 말해 하고 싶은 일과 해야 하는 일에 대한 가치 판단은 마르크스 철학에 의해서가 아니라 철저히 개인적인 기준으로 내려져야 할 것이다. 철학은 인간에게 통찰력을 주기도 하지만 때로는 구체적인 일상의 문제를 현실과 괴리된 관념적 문제로 변환하기도 한다. 노동에 대한 철학의 거친 이분법이 바로 그러하다.

우상론과
한국의 선진국 콤플렉스

- Target 12 : 우상 -

논리적이지 못한 주장이나 생각은 비판의 대상이 될 정도로 논리에 대한 현대인의 강박은 꽤나 지독하다. 언제 어디서나 인터넷을 켜서 정보를 확인할 수 있는 이 시대에 논리적 검증이 끝난 과학적 지식과 통계적으로 검증된 팩트가 아니면 사람들의 동의를 이끌어내기가 어렵다. 주장의 타당성을 결정하는 것은 논리성이며 심지어 논리력은 개인의 지적 능력을 평가하는 기준이 되기도 한다. 사적인 감상을 이야기하는 것이 아니라면 우리는 언제나 스스로에 의해서든 외부에 의해서든 논리의 검열을 받는다. 그런데 이토록 논리적인 우리 사회에 다수가 공유하는 비논리적인 통념이 있다. 바로 서구의 선진국을 우상화하는 데서 비롯한 왜곡된 인식이다. 우상화가 어떤 인식의 오류를 일으키는지는 일찍이 프랜시스 베이컨에 의해 널리 알려져 왔다.

● ● ○

인간의 지성을 고질적으로 사로잡고 있는 우상과 그릇된 관념들은 인간의 정신을 혼미하게 할 뿐만 아니라, 우리가 얻을 수 있는 진리조차도 얻을 수 없게 만든다. 그러므로 인간이 모든 가능한 수단을 동원해 용의주도하게 그러한 우상들로부터 자신을 지키지 않는 한, 학문을 혁신하려고 해도 곤경에 빠지고 말 것이다.[28]

베이컨은 참된 지식에 닿고자 하는 인간의 지성 활동을 방해하는 걸림돌로 우상을 꼽는다. 그는 우상을 네 가지 종류로 구분했다. 첫 번째 '종족의 우상'은 모든 인식의 기준을 인간으로 보는 데서 발생하는 오류이다. 베이컨은 인간의 감각을 만물의 척도로 보는 것은 표면이 고르지 못한 거울로 사물을 보는 것과 같은 왜곡을 일으킨다고 보았다. 두 번째 '동굴의 우상'은 자신만의 동굴에서 바라본 것을 세계의 실체적 사실로 인식하는 데서 비롯되는, 개인의 특수성과 선입견에서 비롯되는 오류이다. 세 번째 '시장의 우상'은 인간의 의사소통 과정에서 생기는 것으로, 잘못 만들어진 언어로 인해 발생하는 오류이다. 그리고 마지막으로 '극장의 우상'은 역사, 전통, 권위, 학설을 그대로 믿고 수용하는 과정에서 발생하는 오류이다.[29] 베이컨의 우상론은 교과서에도 등장할 만큼 널리 알려진 철학 이론이다. 이러한 우상화에 의해 판단 오류를 범하는 건 현대인에겐 해당되지 않는 문제처럼 보인다. 그러나 우상론이 그토록 널리 알려진 것이 무색할 만큼, 사회에서 논리성이 그토록 강조되는 것이 무색할 만큼 한국에서 서구 선진국에 대한 우상화는 여전히 굳건하다.

우리가 선진국이라고?

세계 여러 국가의 박수에도 불구하고 한국인들은 한국이 선진국 반열에 올라왔다는 사실을 잘 받아들이지 못한다. 전 세계에서 한국이 아직 후진국이라고 생각하는 사람은 한국인밖에 없어 보일 정도이다. 우리는 왜 우리나라에 대해 엄격하고, 미국과 유럽의 서구 국가들에 대해선 기대와 환상을 가지고 있는 것일까? 가능한 설명 중 하나는 서구 국가가 오랜 역사를 거치면서 이룩해낸 성숙한 민주주의에 대한 동경이 서구 국가들에 대한 긍정적 평가로 이어진다는 것이다. 일제강점기와 전쟁으로 폐허가 된 한국은 국가의 재건을 위해 미국과 유럽의 사회·정치 시스템을 수입했다. 서구의 선진국을 벤치마킹하며 한국은 허겁지겁 민주주의를 안착시키고 경제성장을 이룩해 나갔다. 70년도 채 안 되는 시간 동안 '한강의 기적'을 포함해 급속한 경제성장을 이뤘지만 이로 인한 부작용으로 성숙한 민주주의를 달성하지 못했다는 콤플렉스를 갖게 됐다. 특히 길지 않은 한국의 민주주의 역사에서 30년 가까이 지속되었던 군부독재는 그 콤플렉스를 더 악화시켰다. 사람들은 한국 정치가 삐거덕삐거덕할 때마다 서구 국가들을 보면서 '역사가 깊은 선진국의 민주주의는 한국의 민주주의와는 그 수준이 다르다'는 생각과 함께 동경을 품었다.

　소란스러운 한국에서 벗어나 미국과 유럽에서 공부를 하고 돌아온 지식인들은 한국과 서구 선진국을 비교하며 한국의 시스템이 얼마나 후진적인지 분석하는 데 주력했다. 이렇게 생겨난 한국의 '선진국 콤플렉스'는 괄목할 만한 성과를 내도 우리의 성공은 서구 선진국들이 이룬 성공과 질적 수준에서 차이가 있을 것이라는 자격지심을 갖게 만들었다. 한국의 선진국 콤플렉스는 자국 민주주의의 문제점은 더 적나라하게 드러내고 서구의 민주주의에 대해서는 긍정적인 측면만을 주목하는 결과를 만들었다. 이 과정에서 근대의 유럽에서 일어난 시민혁명은 현대 민주주의의 뿌리로서 고귀하고 품격 있는 역사적 사건으로 다뤄졌다. 고양된 인간이었던 근대 유럽의 시민들은 그동안 묻혀 있었던 인간의 본질적인 가치를 다시 찾아냈고, 그러한 시민들로 구성된 서구의 민주주의는 한국판 민주주의와 다를 것이라는 생각, 이것이 오랜 기간 한국인에게 내재된 자격지심이었다.

이 자격지심은 과연 합당한 것일까? 한국이 건너뛴 서구의 오랜 민주주의 역사는 그토록 고귀하고 품격 있는 역사였을까? 이 통념에 대한 의문을 던져보자. 중세 암흑기를 무너트린 근대 유럽의 시민혁명은 정말 그렇게 낭만적이고, 거룩하고, 고귀한 역사적 사건이었을까? 근대 유럽의 시민들은 우리 한국인들과 다르게 인간성이 고양된 존재들이었을까?

시민혁명은 고양된 인간의 정신적 도약이었나?

서구의 민주주의를 높이 평가하는 관점에서는 근대에 보편 인권 개념이 등장한 것을 시민혁명의 주요한 힘으로 보는 경향이 있다. 이 관점은 중세를 암흑기로, 근대를 계몽의 시대로 정의하면서 두 시대를 무 자르듯 단절한다. 서구의 우월함을 주장하는 관점은 근대 유럽이 시민혁명을 통해 중세에서부터 훌쩍 도약해 더 나은 사회로 진보했다고 분석한다. 한국의 중·고등학교 역사 교과서에서 다뤄지는 근대 서양의 역사에도 이 관점이 녹아 있다. 그러다 보니 시민혁명은 사회, 정치, 경제적 측면보다는 철학적 관점에서 다뤄지는 경향이 있다. 하지만 시민혁명은 고양된 근대의 유럽인들이 보편 인권 개념을 깨쳐서 일어난 것만은 아니다. 그들이 혁명의 깃발에 새겨둔 보편 인권 개념은 시민혁명의 폭발력을 더 강하게 만들었지만 시민계급은 봉건사회에 혁명을 일으킬 만한 경제적, 정치적 힘을 이미 축적하고 있었다.

시민계급이 근대의 주인공이 될 수 있었던 데에는 두 가지 주요한 이유가 있었다. 첫 번째 이유는 부를 가진 시민들이 많아졌다는 점이고, 두 번째 이유는 왕이 귀족 영주 세력을 견제하기 위해서 시민계급에 힘을 실어주었다는 점이다. 흔히 생각하기를 농노들은 모두 다 노예와 같은 삶을 살았을 것 같지만 '농노'라 불리는 중세 시대 농민의 지위가 모두 같지는 않았다. 실제로는 농민들의 생활수준은 천차만별이었다. 일반 경제사 정의에 의하면 영주의 지배하에 경작지에서 강제 노동을 하던 농민을 '농노'라고 하고, 영주의 직접적인 지배에서 벗어나 생산물이나 화폐로 영주에게 세금을 내는 농민을 '예농'이라 불렀다. 영주의 지배에서 벗어난 예농들은 영주들이 서로 격렬하게 싸울 때 구석에서 야금야금 힘을 키워갔다. 영주의 지배에서 벗어나 있었기 때문에 부를 축적하는 데 유리했던 것이다. 전쟁이 반복되면서 영주들의 힘은 점점 더 약해져 갔고, 부를 축적하게 된 예농들의 힘은 점점 더 강력해졌다.

또한 시민계급이 성장할 수 있었던 것은 왕권 강화와도 긴밀한 연관이 있다. 중세의 왕들은 영주들에게 복종을 맹세받는 조건으로 영주들이 지배할 수 있는 영토를 나눠주었다. 이것을 봉건제라고 부른다. 봉건제 사회는 왕이 있었음에도 사실상 권력이 여기저기로 흩뿌려져 있는 시스템이었다. 왕은 힘이 센 영주들의 눈치를 볼 수밖에 없었고, 영주들은 항상 허약한 왕의 자리를 호시탐탐 노렸다. 그래서 왕이 선택한 것이 도시의 시민들과 계약을 맺는 전략이었다. 왕은 시민들의 안전을 지켜주는 대신 세금을 받으면서 왕국의 영향력을 키우고자 했다. 시민들도 영주들에게 무작위로 수탈당하는 것보단 매년 일정 금액의 세금을 내는 왕과의 계약이 더 유리하다고 생각했다. 이에 따라 왕과 계약을 맺는 도시의 수는 점점 더 증가했다. 왕의 보호 속에서 도시 시민들은 안정적으로 힘을 키울 수 있었고, 이렇게 축적된 시민들의 힘이 시민혁명의 촉발제가 되었다.

근대 유럽에서 철학적 진보가 눈부셨던 것은 사실이다. 하지만 모든 인간은 보편적인 권리를 가지고 있다는 보편 인권 개념은 시민계급이 가진 힘과 권력으로부터 증명되고 강화된 측면이 존재한다. 그럼에도 불구하고 서구 민주주의의 우월성을 강조하는 관점은 시민계급이 중세부터 힘을 축적해 왔던 맥락은 살펴보지 않는다. 그 대신 보편 인권 개념이 어느 순간 '뚝딱' 생겨나 그것을 깨달은 유럽인들이 역사적 혁명을 일으킨 것으로 묘사한다. 한국인들이 미국이나 유럽을 높게 평가하면서 서구의 우월성을 내면화하는 과정도 이와 비슷하다. 근대 유럽의 시민혁명은 현대 민주주의의 시초로 여겨지면서 혁명의 긍정적인 측면만이 부각되어 왔다.

근대 유럽의 혁명은 자유, 평등, 박애의 가치를 발견한 인간의 진보였지만, 다른 한편으로는 인간성의 퇴보이기도 했다. 혁명에서 시민들은 끝나지 않는 분노에 휩싸여 있었다. 시민계급의 혁명에 토를 달던 수많은 보수주의자들은 단두대에서 죽음을 맞이했다. 더 큰 문제는 '보수주의자'라는 개념이 상대적이었다는 점이다. 혁명 초기에는 극우파들이 단두대에서 생을 마감하거나 망명길에 올랐다. 하지만 좌파로 분류되던 사람들도 자신들보다 더 왼쪽에 앉아 있던 좌파들에 의해 강제로 중도파나 우파가 되어버리고 말았다. 강제로 우파가 된 이들 역시 목숨을 연명하지 못했다. 혁명은 숭고했지만, 폭군들의 잔인함에 뒤지지 않을 만큼 잔혹했다. 또한 근대 시민혁명을 주도했던 자유주의자들은 과거부터 존재하던 위계질서를 거부했다. 하지만 그들도 여성에겐 자유를 주지 않았다. 그들은 여성은 교육을 받지 못했기 때문에 지적 능력이 부족하고 육체적인 능력 또한 남성들에 비해 현저히 떨어진다고 생각했다. 이에 자유주의자들은 여성의 자유를 인정하는 것은 자유를 어린아이에게 허용하는 것이나 마찬가지라는 차별적인 생각을 가졌다. 결국 시민혁명이 성공했음에도 그들이 내세웠던 진정한 의미의 진보는 실현되지 못했다. 근대 유럽의 시민혁명은 자유, 평등, 박애라는 가치의 실현을 위한 혁명이었지만 그들 역시 왕이나 영주들만큼 잔인하게 사람들을 처형했고, 그들이 말한 이상과 다르게 모든 인간을 평등한 존재로 보지 않았다. 기대와 달리 시민혁명은 그렇게 낭만적이지만은 않았다.

근대 이후 인간의 역사가 서구를 중심으로 흘러왔기 때문에 근대 이후 지구에서 발생한 역사적 사건들은 서구의 관점에서 해석되어 왔다. 이러한 관점에서 시민혁명도 불편한 사실은 감춘채, 지나치게 로맨틱하고 고결하게 해석되어 온 경향이 있다. 특히 한국은 서구의 시스템을 벤치마킹하며 발전했기에 우상화하는 경향성이 더 짙게 나타났다. 한국에서의 서구 선진국에 대한 우상화는 네 가지 방향으로 진행된다. 첫 번째는 국가의 품격과 시민의 수준을 민주주의의 실현 정도로 평가하는, 이른바 '민주시민'을 기준으로 하는 종족의 우상이고, 두 번째는 일제강점기와 6.25 전쟁이라는 참혹한 기억으로 얼룩진 자국의 근현대사에 의해 생겨버린 동굴의 우상이다. 세 번째는 서구의 이론과 문화를 수입, 번역하는 과정에서 스며든 사대주의적 언어에 의한 시장의 우상이고, 마지막으로 서구의 역사와 전통, 학문을 무비판적으로 수용하며 만들어진 극장의 우상이다.

두 개의 시선,
G10 후보 한국과 헬조선

선진화된 사회 시스템을 벤치마킹할 때에는 서구 선진국을 동경하는 것이 좋은 기반이 되었다. 하지만 어느덧 선진국 반열에 오른 이 시점에도 맹목적으로 서구를 동경하는 자세는 적절하지 않다. 불과 70여 년 전 폐허에 가까웠던 한국이 개발도상국을 넘어 사회문화적, 경제적으로 서구의 선진국들과 경쟁할 수 있게 되었다는 것은 놀라운 일이다. 물론 성과를 지나치게 치켜세우는 것은 그 사회가 안고 있는 여러 문제를 은폐하는 일이며 다양성을 기반으로 하는 글로벌 시대에 적합하지 않은 사고방식이다. 그러나 자국의 성과를 폄하하고 자조 섞인 인식으로 열등감을 느끼는 것 또한 균형 잡힌 사고방식은 아니다. 어떤 지표로도 한국은 개발도상국보단 선진국에 가까운 나라이며 열등감보단 자부심을 느낄 만한 나라이다.

한국인들은 한국을 선진국이라 부르는 것을 주저하지만 세계 속에서 한국의 경쟁력이 날로 높아지고 있다는 사실은 수치로도 드러난다. 문화체육관광부와 한국국제문화교류진흥원이 함께 조사해 발표한 「2021년 해외 한류 실태조사」에 따르면 2019년과 비교해 한류 콘텐츠 소비량은 예능, 드라마, 게임, 영화 등 10개 분야에 걸쳐 평균 40퍼센트가 증가했다.[30] 콘텐츠 분야뿐만 아니라 미래 핵심 산업에서도 한국의 경쟁력은 높아지고 있다. 한국은 2017년부터 전 세계 반도체 시장에서 20퍼센트 전후의 높은 점유율을 보이고 있으며 이는 전 세계 국가 중 미국 다음으로 높은 수치이다. 또한 전기차와 가전, 로봇 등 다양한 분야에서 수요가 확대되고 있는 2차 전지 산업에서도 한국 기업들은 선전하고 있다. 시장조사기관 SNE리서치가 발표한 '2020년 누적 세계 전기차용 배터리 사용량 점유율 순위'에 따르면 LG에너지솔루션, 삼성SDI, SK이노베이션 등 3사의 글로벌 전기차용 배터리 시장 점유율의 합계는 34.7퍼센트로 나타났다. 전 세계의 전기차 3대 중 1대에는 한국산 배터리가 장착되어 있는 것이다.

한국은 대외적으로는 세계 주요 10개국G10의 후보로 거론되고 있지만, 내부에서는 '헬조선'이라 불리곤 한다. 국내와 국외에서 한국에 대한 평가가 극과 극으로 벌어지고 있는 것이다. 한국이 저출산 고령화, 높은 자살률, 주거 불안, 젠더 갈등, 소득 양극화 등 여러 문제를 안고 있는 것은 사실이다. 그런데 과연 한국은 어떤 국가와 비교해서 지옥인 걸까? 과연 지구의 어떤 국가가 고난과 역경이 없는 천국으로 존재할까? 모든 나라는 각기 다른 저마다의 문제를 안고 있다. 그렇기에 해결해야 하는 문제와 해결책도 모두 같을 수 없으며 이런 문제들은 국가 간 대등한 비교가 불가능할 만큼 다른 맥락이 존재한다. 그런데 이런 맥락을 무시하고 한국의 빈약한 복지를 얘기할 때는 북유럽 국가들의 사례를 가져오고, 개인의 자유를 제한하는 정부의 정책을 비판할 때는 미국의 사례를 가져온다. 그러면서 북유럽의 높은 세금과 미국의 빈약한 사회보장제도에 대해선 함구한다. '튼튼한 복지와 무한한 자유를 가진 서양 국가'는 우리의 머릿속에만 존재하는 환상 속의 국가이다. 한국을 헬조선으로 만들어버린 그 비교 대상은 지구상에는 존재하지 않는, 우리 머릿속에서만 존재하는 우상화된 서양 국가일 것이다.

우상화는 모범 사례, 멘토, 롤모델, 벤치마킹 등 긍정성을 내포한 단어로 바뀌어 사용되기도 한다. 개인과 집단이 성장하는 과정에서 참고할 만한 사례를 통해 현재의 문제를 극복해 나가고 목표를 설정하는 것은 효과적인 전략이다. 하지만 이 전략은 지향점으로 설정했던 그 대상을 그대로 뒤따르는 것이 아니라 극복하려고 할 때만 성공적일 수 있다. 그렇지 않으면 우상화는 인식의 오류를 일으켜 우상화하는 대상을 실상과는 다른, 과장된 모습으로 인식하게 만들고 자신에 대해서는 자조적인 인식에 빠지게 만든다.

한국을 헬조선이라 부르며 열등감에 빠지는 것과 서구의 민주주의를 맹목적 동경하는 것이 바로 우상화에서 비롯된 인식의 오류이다. 사실 그대로를 보면 파악하기 쉬운 오류이지만 우상화 프레임이 쓰인 눈으로 보면 그대로 볼 수 있는 사실도 외면하거나 왜곡해 받아들이게 된다. 우상화에서 시작되는 인식의 오류는 나에게서 시작된다는 점에서 더 치명적이다. 사기를 치는 범죄자가 만들어낸 왜곡된 인식은 그가 검거되는 순간 끝나지만, 바라보는 자에게서 시작된 우상화는 스스로의 생각을 각성하지 않는 한 끝나지 않기 때문이다.

과거의 철학으로
현재의 질문을
만드는 법

철학을 공부한다는 것은 철학자라는 거인의 어깨에 올라타 세상을 내려다보는 것과 같다. 위대한 철학자의 눈높이에서 내려다본 세상은 그렇게 어렵지도, 그렇게 혼란스럽지도 않을 것만 같다. 철학을 통해 이 세상을 관통하는 진리에 닿을 수 있다는 믿음, 인간에게 주어진 삶의 목적을 찾을 수 있을 거라는 믿음, 문제로 가득한 현실을 해결해 줄 수 있는 해답을 구할 거라는 믿음…. 시대를 뛰어넘은 이 믿음들 덕분에 철학은 물질적 가치가 정신적 가치를 압도하는 이 시대에서도 고귀한 학문의 명성을 유지했다.

　　그러나 그 고고한 자태와 별개로 철학은 현실과 점점 멀어지고 있다. "이 사회에서 철학의 역할이 사라져 가고 있는 것은 아닌가?"라는 다급한 질문조차 사람들의 관심에서 멀어지면서 오랫동안 진리로 여겨졌던 철학의 언명은 점점 궁색해지고 있는 듯하다.

이 시대에 철학을 바라보는 관점은 두 가지다. 인간사의 문제에 궁극적 해답을 품고 있는 학문이라 보는 관점과 현실과 동떨어진 허무맹랑한 학문으로 보는 관점이다. 철학을 전공했거나 철학 공부에 관심이 있는 이들은 대부분 전자의 관점에서 후자의 관점으로 철학을 바라보는 사람들을 설득하려고 한다. 철학이 쓸모없어 보이는 것은 아직 우리가 철학에 담긴 심오한 메시지를 진정으로 이해하지 못해서거나 철학적 성찰의 중요성을 깨닫지 못해서라고. 그렇기에 최대한 철학을 쉽고 재미있게 풀어 쓴다면, 철학적 성찰을 통해 우리 삶이 어떻게 변할 수 있는지 입증한다면 많은 사람이 철학의 가치를 깨달을 것이라 기대한다.

그런데 이것이 진정 철학의 가치를 입증하는 유일한 전략일까? 오히려 철학에 관심을 기울이는 사람이 철학이 왜, 어떻게 현실과 동떨어지게 되었는지를 말할 수 있다면, 철학적 성찰이 도리어 일상에 독이 되는 건 아닌지 말할 수 있다면, 그것으로부터 이 시대에서의 철학의 필요성을 말할 수 있지는 않을까? 이 책은 바로 이 지점에서 시작했다.

이 책은 과거의 철학으로 현재의 질문을 만들어내고, 그에 대한 나만의 답을 찾고, 다시 그에 대해 비판과 수정을 거듭한 과

정의 결과물이다. 글에서 단정적인 어조로 특정 철학 사조와 여러 철학적 가치들에 대해 비판한 것은 그것들의 가치를 폄하하기 때문이 아니라 시대적 필요성을 찾기 위한 간절함 때문이었다는 점을 밝히고 싶다. 이 책이 독자들이 과거의 철학으로 오늘날 필요한 질문을 만들어내는 자신만의 방법을 찾는 데 도움이 된다면 더 바랄 것이 없다. 이를 터득했다면 앞으로 어떤 근엄한 철학자를 만나더라도 자신의 언어로 자신의 질문을 만들어내는 일이 점점 더 쉬워질 것이다. 어쩌면 이렇게 만들어낸 자신만의 질문 하나가 철학책 한 권을 정독하는 것보다 더 가치 있을지도 모른다.

책을 마무리하면서 아직 자신만의 방법을 찾지 못한 독자들을 위해 질문을 만드는 세 가지 방법을 제안하고자 한다. 어떤 철학책을 읽고 이해가 되기 시작하면 첫 번째로 그 내용을 일상의 언어로 말해보는 시도를 하길 바란다. 철학자들은 정교한 뜻을 전달하기 위해 개념을 사용하지만, 그 개념들은 여러 차례 번역을 거치고 우리의 이해에 다다르는 과정에서 의미가 모호해지기도 한다. 그리고 때때로 우리는 이 모호성에 의지해 개념을 되풀이하거나 여러 상황에 남용하는 것으로 이해가 되지 않은 내용을 얼버무리기도 한다. 일상적 언어로 풀어서 설명할 수 없다면 사실상 그 내용을 이해했다고 보기도 어렵다. 이렇게 추상적으로밖에 이해되지 못한 철학은 일상에 적용할 수 없다. 철학의 언어로

서술된 내용을 일상의 언어로 풀어보는 노력으로 우리는 더 확실한 이해에 다다를 수 있고 더불어 그 철학을 현실에 적용하기 위해 생각해 보아야 할 질문을 도출할 수 있을 것이다.

두 번째 방법은 이해한 철학의 일상적 사례를 찾아보는 것이다. 오늘날의 사례를 찾는 탐구는 과거의 철학을 현재의 모습으로 구체화해 보는 과정이며, 현실과의 연관성을 고민해 보는 과정이다. 예를 들어 니체가 말하는 강자의 현대적 사례를 찾아보면 니체의 사상을 이 시대에 얼마나 적용할 수 있는지 구체적으로 이해할 수 있다. 인간 사이에 격차가 존재함을 인정해야 한다고 보는 니체가 말하는 강자는 언뜻 생각하기에 자본주의 사회에서 부를 축적하거나 전문직을 가진 사람을 뜻하는 것으로 생각할 수 있다. 하지만 니체가 말하는 강자는 정신적, 철학적 측면에서의 강자였다. 니체는 신에게 의지해 유지되다 무너진 가치를 딛고 일어서서 새로운 철학을 창조할 수 있는 강자를 염원했기에 니체가 말하는 강자의 개념을 부나 직업을 기준으로 현대에 적용하기는 어렵다. 이처럼 과거 철학자의 사상을 대입할 만한 현대적 사례를 찾아보는 시도를 통해 "그 철학자의 생각이 어느 정도까지 우리 시대를 포괄할 수 있는가?", 또 "어떤 점에서 시대적 한계를 갖는가?"와 같이 과거의 생각에 시대성을 부여할 수 있다.

마지막 방법은 자신에게 가장 큰 영감을 준 철학에 대립하는 철학을 찾아보는 것이다. 방대한 철학의 세계에서는 틀릴 리 없다고 생각할 만큼 설득력 있는 철학자의 주장에도 그와 대립하는 동시에 그에 버금가는 설득력이 있는 주장이 존재하기 마련이다. 내가 정답이라고 생각하는 철학과 그것에 대립하는 철학이 부딪히는 양상을 살펴보면 현실의 문제를 보다 완전하게 파악할 수 있다. 현실의 문제는 대부분 흑과 백으로 나뉘는 문제가 아니라 어느 한쪽의 선택지를 고르기 어렵다. 예를 들어 우리 사회에서 개인의 욕망을 중요시하는 자유와 모든 사람의 권리 보장을 중요시하는 평등 사이의 대립은 어느 하나의 가치에 손을 들어주기 힘들기 때문에 발생한다. 현실의 문제에서 중요한 부분은 자유와 평등 둘 중에서 더 옳은 가치를 찾는 것이 아니라 자유와 평등이 어떤 지점에서 부딪히고 있고, 둘 중 어떤 가치에 더 비중을 둘 것인가를 결정하는 일이다. 따라서 자유를 중요시하는 철학과 평등을 중요시하는 철학, 서로 대립하는 두 철학을 함께 이해한다면 "왼쪽으로 나아가는 평등과 오른쪽으로 나아가는 자유의 줄다리기에서 오늘날 우리는 어디쯤 있는가?" 하는 유의미한 질문을 만들 수 있다.

앞으로도 나는 질문을 부지런히 업데이트하면서 빠르게 변화하는 세상에서 고민해 봐야 하는 철학적 문제들에 대한 더 심도 있는 탐구를 이어 나가려고 한다. 역사에 이름을 남긴 위대한 철학자들의 사상에 대한 개인적인 해석을 말하는 것은 물론이거니와 그것을 비판해 보는 것은 많은 용기를 필요로 하는 작업이었다.

　내가 자신감을 갖고 나의 탐구를 이어 나갈 수 있었던 데에는 아버지의 도움이 컸다. 열네살 무렵부터 나는 아버지와 늦은 밤 토론 프로그램을 보며 대화를 나눴다. 아버지는 언제나 내 생각을 물어봐 주었고 나는 어설픈 단어를 동원해 내 생각을 말하곤 했다. 때로는 같은 입장에서 때로는 다른 입장에서 아버지와 나는 새벽까지 열띤 토론을 벌였다. 당시 나는 아버지와 토론을 한다고 생각했지만, 성인이 될 무렵 그때 아버지는 당신 아들의 수준에 맞춰 말벗을 자처하고 있었다는 걸 깨달았다. 그는 적당한 수준의 반박으로 나의 사고에 긴장감을 더해주었고 종래에는 패배를 시인하는 척하면서 나에게 자신감을 북돋아 주었다. 그와의 대화로 나는 나만의 주장을 만들고 그것을 말하는 것에 주저하지 않을 수 있었다. 어느덧 인생의 황혼기를 맞이하는 나이에도 세월에 매몰되지 않는 지적 예민함으로 나의 글의 가장 열렬한 독자가 되어주고 있는 아버지에게 존경과 감사의 인사를 드린다. 더불어 아들에게 부담이 될까 언제나 노심초사하며 안부를 묻는 어머니에게도 당신의 그 따듯한 목소리가 가장 큰 응원이었음을 전하고 싶다.

1장

___ **철학에는 업데이트가 없나요?**

1. 프리드리히 니체 지음, 김정현 옮김, 『선악의 저편, 도덕의 계보』, 책세상, 2002, p.15.

2. 같은 책, p.15.

___ **보통의 일상에서 찾은 철학의 쓸모**

3. 강신주 지음, 『비상경보기』, 동녘, 2016, p.456.

___ **용감한 사람들과 겁쟁이 철학자**

4. 에리히 프롬 지음, 김석희 옮김, 『자유로부터의 도피』, 휴머니스트, 2020, p.21.

5. 같은 책, p.202.

6. 같은 책, p.279.

7. 여기서 프롬은 적극적 자유를 지나치게 강조하다 보니 그가 말하는 진정한 자유는 종교적이고 형이상학적인 색채를 띠기도 한다. 그는 관념적인 형태의 불변의 자아가 있다고 믿었고, 그 자아를 실현하는 데 적극적 자유를 발휘해야 한다고 말한다. 어디에도 기대지 않는 개인의 자유를 지나치게 강조

한 그가 다시 관념적 자아에 도움을 요청한다는 점에서 그의 자유론은 자가당착에 빠진다. 프롬은 민주주의 사회 속에서 급격히 확대되어 온전히 개인에게 맡겨진 자유의 범람을 우려해 본질주의적인 휴머니즘에 다시 의존한다. 그렇기에 우리는 그가 제시하는 해답 대신에 인간은 자유를 원하지만 또 도피하고 싶어 한다는 자유의 두 측면을 분석한 그의 문제의식에 집중하도록 하자.

2장

알맹이는 가고 껍데기여 오라

1. 존 스튜어트 밀 지음, 서병훈 옮김, 『공리주의』, 책세상, 2018, p.29.
2. 서미혜, 「SNS 이용이 상대적 박탈감과 객관적 주관적 경제 지위 간 격차를 거쳐 삶의 만족도에 미치는 영향」, 한국언론정보학보 83, 2017.
3. 이은지, 「SNS를 떠나는 사람들」, 한국HCI학회 논문지 13(1), 2018.
4. 서미혜, 「SNS 이용이 상대적 박탈감과 객관적 주관적 경제 지위 간 격차를 거쳐 삶의 만족도에 미치는 영향」. 한국언론정보학보 83, 2017, p.88.

_ **겸손은 왜 미덕일까?**

5. 프리드리히 니체 지음, 김정현 옮김, 『선악의 저편, 도덕의 계보』, 책세상, 2002, p.363.

6. 같은 책, p.379.

_ **특별함을 잃어버린 이성적 인간**

7. 르네 데카르트 지음, 이현복 옮김, 『방법서설』, 문예출판사, 1997, p.179.

8. 같은 책, pp.213~214.

9. 같은 책, p.213.

10. 놈 촘스키·미셸 푸코 지음, 이종인 옮김, 『촘스키와 푸코, 인간의 본성을 말하다』, 시대의창, 2010, p.27.

11. 같은 책, p.62.

12. 고인석, 「인공지능 시대에 살아남는 법」, 황해문화 제93호, 2016, pp.3~4.

13. 김지연, 「알파고 사례 연구」, 과학기술학연구 17(1), 2017, pp.23~26.

14. 천현득, 「인공 지능에서 인공 감정으로」, 한국철학회, 철학131, 2017, pp.219~220.

15. 「인공지능: AI가 그린 그림 크리스티 경매서 5억 원에 낙찰」, BBC NEWS, 2018.10.26.

16. 강은정·장윤영·이보아, 「인공지능 기반의 융복합 예술창작물 사례 분석 및

고찰」, 한국과학예술포럼 35, 2018, pp.8~9.

— 사랑의 최신 트렌드

17. 에리히 프롬 지음, 정성호 옮김, 『사랑의 기술』, 범우, 2015, p.77.

— 소통의 시대에서 넘쳐나는 불통에 대하여

18. 아리스토텔레스 지음, 박문재 옮김, 『아리스토텔레스 수사학』, 현대지성, 2020, pp.17~18.

3장

— 지옥 탈출 서사의 한국식 능력주의

1. 「[기획] 한국사회 공정성 인식조사 : 요약」, 한국리서치, 2018.3.30., https://hrcopinion.co.kr/archives/11697

2. 마이클 샌델 지음, 함규진 옮김, 『공정하다는 착각』, 와이즈베리, 2020, p.52.

3. 「공기업 취준생 절반 "정규직 전환은 무임승차"」, 《서울신문》, 2020.6.30.

4. 「AI 수익률에 밀려… 美 헤지펀드 창업자들 줄퇴진」, 《동아일보》,

2019.9.24.

_ **철학자가 통치하는 4차 산업사회**

5. 플라톤 지음, 최현 옮김, 『플라톤의 국가론』, 집문당, 1990, p.252.

6. 같은 책, p.249.

7. 같은 책, p.250.

8. 같은 책, p.251.

9. 같은 책, p.252.

10. 「머스크가 세운 '아스트라 노바' 교장 조슈아 댄, "AI시대 경쟁력은 지식이 아니라 판단력!"」, 《중앙일보》, 2020.12.21.

11. 「머스크가 자녀를 위해 세운 '비밀 학교'에선 무엇을 가르치나」, 《연합뉴스》, 2017.11.15.

12. 「상용 자율차 첫발 뗄 땐 서울…상암서 시범운행」, 《서울경제》, 2021.6.20.

13. 「GM크루즈, 캘리포니아주 최초로 무인 자율차 시범 서비스」, 《로봇신문》, 2021.6.8.

14. 캐시 오닐 지음, 김정혜 옮김, 『대량살상수학무기』, 흐름출판, 2017, pp.51~54.

15. 같은 책, p.53.

_ 빅브라더를 사랑하게 된 사람들

16. 김환표, 「에드워드 스노든: "나는 반역자도 영웅도 아니다. 나는 미국인이다"」, 인물과사상 2014년 8월호, pp.88~89

17. 「당신이 궁금했던 '국정원 해킹 사건' 핵심만 추렸습니다」,《한겨레》, 2015.7.16.

18. 「[여론조사] 국정원 대공수사권 폐지, 찬성 34% 〈 반대 40.9%」,《일요서울》, 2020.11.27.

_ 대기업에 취업해도 우울한 이유

19. 한병철 지음, 김태환 옮김,『피로사회』, 문학과지성사, 2012, p.23.

_ 소외되지 않는 노동자, 유튜버는 행복할까?

20. 카를 마르크스 지음, 김문현 옮김,『경제학·철학 초고/자본론/공산당 선언/철학의 빈곤』, 동서문화사, 2008, p.65.

21. 같은 책, p.66.

22. 「성인 10명 중 6명 '유튜버 꿈꿔' 기대 수입 월 396만 원, 유튜버 하고 싶은 이유?」,《디지털 조선일보》, 2019.11.1.

23. 「실버버튼 0.5%를 뚫어라... '초등생 장래희망' 전업 유튜버의 이면」,《조선일보》, 2021.2.24.

24. 김희숙, 「데이터 마이닝을 이용한 유튜브 인기 동영상 콘텐츠 분석」, 한국디지털콘텐츠학회논문지 21(4), 2020.

25. Gielen, M. & Rosen, J. (2016. 6. 23). "Reverse Engineering The YouTube Algorithm". tubefilter. https://www.tubefilter.com/2016/06/23/reverse-engineering-youtube-algorithm/

26. 박진선, 「크리에이터는 어떻게 노동하는가?」, 미디어 경제와 문화 18(1), 2020, pp.102~103.

27. 이설희·홍남희, 「유동하는 청년들의 미디어 노동」, 한국언론정보학보 101, 2020.

_ 우상론과 한국의 선진국 콤플렉스

28. 프랜시스 베이컨 지음, 진석용 옮김, 『신기관』, 한길사, 2016, p.48.

29. 같은 책, pp.48~51.

30. 「2021 해외한류실태조사」, 문화체육관광부, 2020.1.28., https://www.mcst.go.kr/kor/s_policy/dept/deptView.jsp?pSeq=1448&pDataCD=0417000000&pType=04

●● **참고문헌**

_____ **1장**

_ **철학에는 업데이트가 없나요?**

• 프리드리히 니체 지음, 김정현 옮김, 『선악의 저편, 도덕의 계보』, 책세상, 2002.

_ **보통의 일상에서 찾은 철학의 쓸모**

• 강신주 지음, 『비상경보기』, 동녘, 2016.

• 리처드 로티 지음, 김동식·이유선 옮김, 『우연성, 아이러니, 연대』, 사월의책, 2020.

• 카를 마르크스 지음, 김문현 옮김, 『경제학·철학 초고/자본론/공산당 선언/철학의 빈곤』, 동서문화사, 2008.

_ **용감한 사람들과 겁쟁이 철학자**

• 에리히 프롬 지음, 김석희 옮김, 『자유로부터의 도피』, 휴머니스트, 2020.

2장

_ **철학이 만든 질병, '진정한 나' 좀 내버려 두세요**

• 플라톤 지음, 최광열 옮김, 『플라톤의 국가』, 아름다운날, 2014.

_ **알맹이는 가고 껍데기여 오라**

• 존 스튜어트 밀 지음, 서병훈 옮김, 『공리주의』, 책세상, 2018.

• 김은미, 「밀의 공리주의에 있어서 쾌락의 질적 차이」, 철학탐구 47, 2017.

• 서미혜, 「SNS 이용이 상대적 박탈감과 객관적 주관적 경제 지위 간 격차를 거쳐 삶의 만족도에 미치는 영향」, 한국언론정보학보 83, 2017.

• 이은지, 「SNS를 떠나는 사람들 : 사용자의 특성과 SNS 피로감 중심으로」, 한국HCI학회 논문지 13(1), 2018.

_ **겸손은 왜 미덕일까?**

• 프리드리히 니체 지음, 김정현 옮김, 『선악의 저편, 도덕의 계보』, 책세상, 2002.

_ **특별함을 잃어버린 이성적 인간**

• 놈 촘스키·미셸 푸코 지음, 이종인 옮김, 『촘스키와 푸코, 인간의 본성을 말

하다』, 시대의창, 2010.

- 르네 데카르트 지음, 이현복 옮김, 『방법서설』, 문예출판사, 1997.
- 강은정·장윤영·이보아, 「인공지능 기반의 융복합 예술창작물 사례 분석 및 고찰」, 한국과학예술포럼 35, 2018.
- 고인석, 「인공지능 시대에 살아남는 법」, 황해문화 제93호, 2016.
- 김지연, 「알파고 사례 연구」, 과학기술학연구 17(1), 2017.
- 김희영, 「예술에서 살펴본 인공지능의 미래 산업화 가능성」, 만화애니메이션연구 통권 제50호, 2018.
- 천현득, 「인공 지능에서 인공 감정으로」, 한국철학회, 철학131, 2017.

— 사랑의 최신 트렌드

- 에리히 프롬 지음, 정성호 옮김, 『사랑의 기술』, 범우, 2015.

— 소통의 시대에서 넘쳐나는 불통에 대하여

- 아리스토텔레스 지음, 박문재 옮김, 『아리스토텔레스 수사학』, 현대지성, 2020.

3장

지옥 탈출 서사의 한국식 능력주의

- 김진석 지음,『진보는 차별을 없앨 수 있을까』, 개마고원, 2020.
- 마이클 샌델 지음, 함규진 옮김,『공정하다는 착각』, 와이즈베리, 2020.
- 박효민,「능력주의meritocracy를 넘어서」, 한국사회학회 사회학대회 논문집, 2019.

철학자가 통치하는 4차 산업사회

- 플라톤 지음, 최현 옮김,『플라톤의 국가론』, 집문당, 1990.
- 캐시 오닐 지음, 김정혜 옮김,『대량살상수학무기』, 흐름출판, 2017.
- 고인석,「자율주행자동차를 어떻게 규율할 것인가」, 철학논총 96, 2019.

빅브라더를 사랑하게 된 사람들

- 미셸 푸코 지음, 오생근 옮김,『감시와 처벌』, 나남출판, 2016.
- 김환표,「에드워드 스노든: "나는 반역자도 영웅도 아니다. 나는 미국인이다"」, 인물과사상 2014년 8월호.

＿　대기업에 취업해도 우울한 이유

- 대니얼 마코비츠 지음, 서정아 옮김, 『엘리트 세습』, 세종서적, 2020.
- 한병철 지음, 김태환 옮김, 『피로사회』, 문학과지성사, 2012.

＿　소외되지 않는 노동자, 유튜버는 행복할까?

- 카를 마르크스 지음, 김문현 옮김, 『경제학·철학 초고/자본론/공산당 선언/ 철학의 빈곤』, 동서문화사, 2008.
- 김희숙, 「데이터 마이닝을 이용한 유튜브 인기 동영상 콘텐츠 분석」, 한국디 지털콘텐츠학회논문지 21(4), 2020.
- 박진선, 「크리에이터는 어떻게 노동하는가?」, 미디어 경제와 문화 18(1), 2020.
- 이설희·홍남희, 「유동하는 청년들의 미디어 노동」, 한국언론정보학보 101, 2020.
- Gielen, M. & Rosen, J. (2016. 6. 23). "Reverse Engineering The YouTube Algorithm". tubefilter. https://www.tubefilter.com/2016/06/23/reverse-engineering-youtube-algorithm/

＿　우상론과 한국의 선진국 콤플렉스

- 마르크 블로크 지음, 한정숙 옮김, 『봉건사회 2』, 한길사, 2001.

- 앨버트 S. 린드먼 지음, 장문석 옮김, 『현대 유럽의 역사』, 삼천리, 2017.

- 프랜시스 베이컨 지음, 진석용 옮김, 『신기관』, 한길사, 2016.

- 최재현, 『유럽의 봉건제도』, 역사비평사, 1992.

현실주의자를 위한 철학

초판 1쇄 발행 2021년 8월 26일
초판 2쇄 발행 2021년 9월 9일

지은이 오석종
펴낸이 권미경
편집 임경진
마케팅 심지훈, 강소연, 김재영
디자인 표지 [★]규 | **본문** 마인드윙
펴낸곳 (주)웨일북
등록 2015년 10월 12일 제2015-000316호
주소 서울시 서초구 강남대로95길 9-10, 웨일빌딩 201호
전화 02-322-7187 | **팩스** 02-337-8187
메일 sea@whalebook.co.kr | **인스타그램** instagram.com/whalebooks

ⓒ 오석종, 2021
ISBN 979-11-90313-97-1 (03100)

소중한 원고를 보내주세요.
좋은 저자에게서 좋은 책이 나온다는 믿음으로, 항상 진심을 다해 구하겠습니다.